P9-CCB-770

Speaking and Listening Workbook
TEACHER'S EDITION

High School **3**

Español
Santillana

SANTILLANA USA
Language Education Experts

Español Santillana. Speaking and Listening Workbook 3 is a part of the *Español Santillana* project, a collaborative effort by two teams specializing in the design of Spanish-language educational materials. One team is located in the United States and the other in Spain.

Writers
Camila Segura
Ana I. Antón
Belén Saiz Noeda

Developmental Editor
Belén Saiz Noeda
M.ª Antonia Oliva

Editorial Coordinator
Anne Smieszny

Editorial Director
Enrique Ferro

© 2015 Santillana USA Publishing Company, Inc.
All rights reserved. No part of this publication may be reproduced or transmitted in any form or by any means, electronic or mechanical, including photocopying, recording, or by any information storage and retrieval system, without permission in writing from the publisher.

Published in the United States of America.

**Español Santillana.
Speaking and Listening Workbook 3.
Teacher's Annotated Edition 3
ISBN-13: 978-1-61605-920-0**

Illustrator: **José Zazo**
Picture Coordinator: **Carlos Aguilera**

Production Manager: **Jacqueline Rivera**

Production Coordinator: **Julio Hernández**

Design and Layout: **Jorge Borrego, Hilario Simón**

Proofreaders: **Marta Rubio, Marta López**

Photo Researchers: **Mercedes Barcenilla, Amparo Rodríguez**

Santillana USA Publishing Company, Inc.
2023 NW 84th Avenue, Doral, FL 33122

4 5 6 7 8 9 10   16 15

Contenidos

Nombre: _____   Fecha: _____

1 Hispanoamérica

▶ **Escucha** la información y colorea los países hispanoamericanos en el mapa. Luego, escribe el nombre de las cinco ciudades más pobladas y ubícalas en el mapa.

Ciudades más pobladas

1. Ciudad de México

2. Bogotá

3. Lima

4. Santiago de Chile

5. Buenos Aires

▶ **Habla** con tu compañero(a). Por turnos, digan qué conocen sobre los países hispanoamericanos.

Modelo

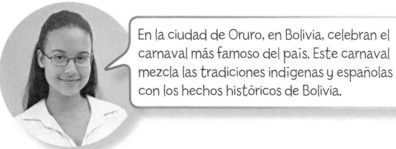

En la ciudad de Oruro, en Bolivia, celebran el carnaval más famoso del país. Este carnaval mezcla las tradiciones indígenas y españolas con los hechos históricos de Bolivia.

2 Vocales

▶ **Escucha** y repite las palabras. Escucha otra vez y completa las palabras con las vocales correctas.

1. cl_a_s_e_
2. t_a_re_a_
3. s_e_m_a_n_a_
4. p_a_rqu_e_

5. _a_m_a_r_i_ll_o_
6. E_c_u_ _a_d_o_r_
7. _e_j_e_rc_i_c_i_ _o_
8. v_a_c_a_c_i_ _o_n_e_s_

9. v_e_rd_u_r_a_s
10. b_o_t_e_ll_a_
11. _a_y_e_r
12. _e_st_u_d_i_ _a_r

3 Una, dos, tres

▶ **Escribe** cinco palabras de cada categoría. Luego, léeselas a tus compañeros(as).

PALABRAS CON UNA VOCAL	PALABRAS CON DOS VOCALES	PALABRAS CON TRES VOCALES
paz	silla	pelota

4 Palabras que riman

▶ **Escucha** las palabras y elige la que rima con cada una de ellas.

1. (gato)/ sopa / pata
2. veinte /(cuento)/ quinto
3. sal /(color)/ planta

4. corta / Laura /(Marta)
5. techo /(mañana)/ noche
6. lagunas / piñas /(cabañas)

5 Un poema

▶ **Escucha**, aprende y recita este poema.

Lo que pasó con la puerta

Fue a parar la puerta
de mi habitación
¡ay! a la cubierta
de una embarcación.

Pues tiene su lógica
—me explicó un marino—:
la puerta está loca
por su masculino.

—¿Cómo? —dije yo—.
¡No podía ser cierto!
¿Que la puerta huyó
en busca del puerto?

MAR PAVÓN

Nombre: _____   **Fecha:** _____

6 El cumpleaños de Jimena

▶ **Escucha** y escribe el nombre de la persona que realiza cada acción.

A	B	C	D
María	Nacho	Lucero	José

▶ **Escucha** otra vez y completa las oraciones con lo que está haciendo cada persona. Usa el presente continuo.

1. Marta _____ **está buscando** _____ un regalo para su prima.

2. La familia de Jimena _____ **está preparando** _____ la fiesta.

3. Nacho y Lola _____ **están limpiando** _____ la casa.

4. La abuela María _____ **está haciendo** _____ un pastel.

5. Jimena _____ **está llamando** _____ a sus amigos.

6. Lorenzo _____ **está escribiendo** _____ un ensayo para su clase de Español.

7 La carta de Sara

▶ **Escucha** y completa las oraciones con los verbos que faltan.

1. Sara _____ **estudia** _____ mucho para sacar buenas notas.

2. Sara _____ **trabaja** _____ en la biblioteca por las tardes.

3. Los padres de Sara _____ **escriben** _____ informes.

4. Sara no _____ **tiene** _____ mucho tiempo libre.

5. Joaquín y Sara _____ **tienen** _____ que ahorrar dinero.

6. Los padres de Sara _____ **están** _____ muy ocupados.

7. Sara _____ **lee** _____ todas las noches antes de dormir.

8. Sara _____ **quiere** _____ mucho a Amanda.

Español Santillana. Speaking and Listening Workbook. Unidad preliminar

7

8   El restaurante nuevo

▶ **Escucha** el diálogo y elige la opción correcta para completar cada oración.

1. Mauricio _____llamó_____ a Catalina el martes, pero no la encontró.

    a. llama   b. llamé   ⓒ llamó   d. llamará

2. Catalina _____salió_____ a cenar con Andrés y Rocío.

    a. salía   b. salí   c. saldría   ⓓ salió

3. La familia de Felipe _____abrió_____ un restaurante nuevo en el centro.

    ⓐ abrió   b. abrieron   c. abre   d. abrí

4. Felipe _____fue_____ muy amable con Catalina y sus amigos.

    a. fueron   ⓑ fue   c. fuiste   d. fui

5. Catalina _____comió_____ arroz con pollo.

    a. comieron   b. comimos   ⓒ comió   d. come

6. Catalina _____pidió_____ helado de fresa.

    ⓐ pidió   b. pedí   c. pidieron   d. pide

7. Andrés y Rocío _____comieron_____ torta de chocolate.

    a. comen   b. comimos   c. comerán   ⓓ comieron

9   ¿Quién hizo qué?

▶ **Escucha** el diálogo y relaciona cada persona con la actividad que realizó.
Escribe su inicial en la imagen correspondiente.

> L = Luis   S = Sebastián

Nombre: _____   **Fecha:** _____

10 Los sábados...

 ANSWERS WILL VARY

▶ **Habla** con tu compañero(a). ¿Qué haces los fines de semana?

Modelo

> Los sábados yo duermo hasta muy tarde. Después desayuno y voy a comprar con mis padres.

> Pues yo desayuno temprano y corto el césped del jardín.

11 Opiniones

 ANSWERS WILL VARY

▶ **Habla** con tu compañero(a). ¿Qué están haciendo las personas de las fotografías?

Modelo

> Ella está pintando un cuadro.

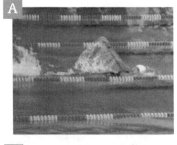

A

D

G

B

E

H

C

F

I

ANSWERS WILL VARY

12 **Por la mañana**

▶ **Habla** con tu compañero(a). ¿Qué actividades hiciste ayer? Por turnos, describan al menos tres actividades para cada momento del día.

Modelo

Por la mañana desayuné y salí a pasear con mi perro.

Por la tarde hice mi tarea de Español.

13 **¡Qué historia!**

ANSWERS WILL VARY

▶ **Inventa** una historia con tu compañero(a) a partir de las imágenes. Usen los verbos del recuadro y compartan su historia con el resto de la clase.

Modelo

Juan y sus amigos pidieron información en la agencia de viajes.

Ellos preguntaron por el horario del tren y del autobús.

buscar
comer
comprar
dormir
hacer
ir
jugar
nadar
pedir
poder
preguntar
saber
tener
viajar

Nombre: ....   **Fecha:** ....

14 **Un viaje a la montaña**

▶ **Escucha** la conversación y completa los diálogos con el imperativo afirmativo apropiado.

1
No me siento bien, doctor.

__Descanse__ y __vaya__ a la montaña.

2
¿Qué te parece?

__Compra__ un boleto y __prepara__ tu equipaje.

3
¿Qué voy a hacer yo en la montaña?

__Camina__ , __toma__ el sol y __disfruta__ del paisaje.

4
¿Y por las noches qué hago?

__Lee__ , __ve__ la televisión ¡y __mira__ las estrellas!

15 **Una encuesta telefónica**

▶ **Escucha** y relaciona para formar oraciones correctas según el diálogo.

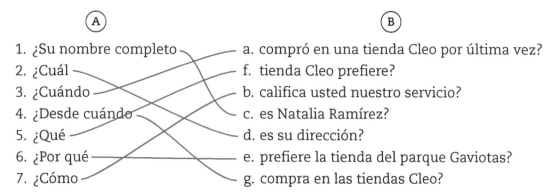

Ⓐ

1. ¿Su nombre completo
2. ¿Cuál
3. ¿Cuándo
4. ¿Desde cuándo
5. ¿Qué
6. ¿Por qué
7. ¿Cómo

Ⓑ

a. compró en una tienda Cleo por última vez?
f. tienda Cleo prefiere?
b. califica usted nuestro servicio?
c. es Natalia Ramírez?
d. es su dirección?
e. prefiere la tienda del parque Gaviotas?
g. compra en las tiendas Cleo?

Español Santillana. Speaking and Listening Workbook. Unidad preliminar

11

16 Instrucciones para un cambio de clase

▶ **Escucha** la conversación. Luego, ordena las instrucciones y complétalas con la forma *usted* del imperativo.

5	a. *(Explicar)* _____Explique_____ las razones del cambio.
1	b. *(Ir)* _____Vaya_____ a la oficina principal.
3	c. *(Rellenar)* _____Rellene_____ el formulario.
2	d. *(Pedir)* _____Pida_____ un formulario de cambio de clases.
7	e. *(Traer)* _____Traiga_____ el formulario a esta oficina de 9:00 a 10:00 a. m.
6	f. *(Llevar)* _____Lleve_____ el formulario al profesor de la clase.
4	g. *(Escribir)* _____Escriba_____ el horario y el código de la clase.

17 Un profesor preocupado

▶ **Escucha** el diálogo y responde a las preguntas.

1. ¿Para qué llamó el profesor Rojas a José?

   Para preguntarle por su hermano.

2. ¿Qué le pasa al profesor Rojas?

   Está preocupado.

3. ¿Dónde está Felipe?

   Está en casa.

4. ¿Qué le pasa a Felipe?

   Tiene un fuerte resfriado.

5. ¿Cuándo enfermó Felipe?

   Enfermó hace tres días.

6. ¿Con quién está Felipe?

   Está con su mamá.

7. ¿Cuál es la próxima clase de José?

   Tiene clase de Español.

Nombre: ....   **Fecha:** ....

18 Instrucciones

▶ **Habla** con tu compañero(a). Él o ella necesita ayuda. Por turnos, den instrucciones adecuadas para estas situaciones y escriban dos situaciones más. Usen el imperativo como en el modelo.

Modelo   *Quiere reservar una sala de música de la escuela para practicar.*

Busca el horario de la sala de música. Decide a qué hora quieres practicar. Llena una ficha de solicitud. Llega puntual el día de la práctica.

1. Quiere llegar desde tu aula hasta la cafetería.

2. Quiere pedir prestado un libro en la biblioteca.

3. Quiere jugar en el equipo de baloncesto de la escuela.

4. Quiere reservar una cita con un profesor o una profesora.

5. _____

6. _____

19 Una encuesta

▶ **Representa** con tu compañero(a) una encuesta para una cadena de televisión. Hazle las preguntas apropiadas para obtener la información del recuadro. Luego, tu compañero(a) te pregunta a ti.

Modelo

¿Cómo te llamas?

Me llamo Aurora García.

1. Nombre de la persona encuestada.

2. Ocupación.

3. Número de televisores en su casa.

4. Programas de televisión favoritos.

5. Número de horas que ve la televisión durante la semana.

6. Número de horas que ve la televisión durante el fin de semana.

20 Consejos

▶ **Habla** con tu compañero(a). ¿Qué le aconsejan a cada persona? Usen el imperativo.

Modelo

Toma mucha agua y descansa.

Ve al médico.

A

C

E

B

D

F

21 Una entrevista

▶ **Habla** con tu compañero(a). Imaginen que son los encargados de contratar al nuevo entrenador del equipo de fútbol de la escuela. Escriban las preguntas y representen la entrevista.

Modelo

¿Desde cuándo juega al fútbol?

Juego al fútbol desde que empecé la escuela.

1. _____

2. _____

3. _____

4. _____

5. _____

Nombre: ....   **Fecha:** ....

RELACIONES PERSONALES

1 **Zipi y Zape**

▶ **Escucha** la descripción de la familia de Zipi y Zape e identifica a los personajes.

1. Zipi y Zape   __B__
2. Don Pantuflo   __E__
3. Doña Jaimita   __A__
4. Miguelita   __C__
5. Sapientín   __D__

▶ **Escucha** de nuevo y completa las oraciones.

1. Zipi es el _____hermano_____ de Zape.

2. Don Pantuflo es el _____padre_____ de Zipi y Zape.

3. Doña Jaimita es la _____hermana_____ de Miguelita.

4. Miguelita es la _____madre_____ de Sapientín.

5. Sapientín es el _____primo_____ de Zipi y Zape.

▶ **Adivina** de qué personaje se trata y escribe su nombre junto a cada descripción.

1. Es rubio y mal estudiante. Es _____Zipi_____.

2. Es alta y delgada. Es _____doña Jaimita_____.

3. Es gordo y tiene bigote. Es _____don Pantuflo_____.

4. Es moreno y lleva gafas. Es _____Sapientín_____.

5. Es moreno y le encanta el fútbol. Es _____Zape_____.

2 Palabras incompletas

▶ **Escucha** y repite las palabras. Luego, escribe las sílabas que faltan.

1. (cla) | se

2. ca | (fé)

3. (si) | lla

4. au | to | (bús)

5. her | (ma) | no

6. mo | (chi) | la

7. me | xi | (ca) | no

8. la | va | (do) | ra

▶ **Escucha** otra vez y rodea la sílaba fuerte, o sílaba tónica, en cada palabra. Luego, pronuncia todas las palabras marcando bien la sílaba tónica.

Modelo | (cla) | se

3 Di-vi-de

▶ **Escucha** y coloca cada palabra en su esquema. Recuerda que el cuadro coloreado corresponde a la sílaba tónica.

1. na | riz

2. lá | piz

3. bi | go | te

4. fí | si | co

5. in | for | ma | ción

6. op | ti | mis | ta

7. ma | te | má | ti | cas

8. per | so | na | li | dad

4 Adivina, adivinanza

▶ **Escucha** las adivinanzas y repítelas. Luego, escribe las respuestas.

1

El hermano de mi tío,
si no es mi tío,
¿qué es mío?

2

Son hijos de tus abuelos,
de tus padres hermanos son.
Tus hermanos con tus hijos
tendrán esa relación.

3

De tus tíos es hermana,
es hija de tus abuelos
y quien más a ti te ama.

Es tu | pa | pá .

Son tus | tí | os .

Es tu | ma | má .

Nombre: ....   **Fecha:** ....

5 Mortadelo y Filemón, agencia de información

▶ **Escucha** la descripción de Mortadelo y Filemón. Luego, indica si las siguientes afirmaciones son ciertas (C) o falsas (F).

1. La nariz de Mortadelo es más grande que la de Filemón.   Ⓒ   F
2. Filemón es más bajo que Mortadelo.   Ⓒ   F
3. Mortadelo tiene el pelo lacio.   C   Ⓕ
4. Filemón tiene más pelo que Mortadelo.   Ⓒ   F
5. Mortadelo es el menos serio de los dos personajes.   Ⓒ   F
6. Filemón es tan alto como Mortadelo.   C   Ⓕ
7. Mortadelo es bajísimo.   C   Ⓕ
8. Mortadelo y Filemón son egoístas y serios.   C   Ⓕ

6 Los amigos de los amigos

▶ **Escucha** la conversación. ¿Qué adjetivos sirven para describir a cada persona? Relaciona cada nombre con los adjetivos apropiados.

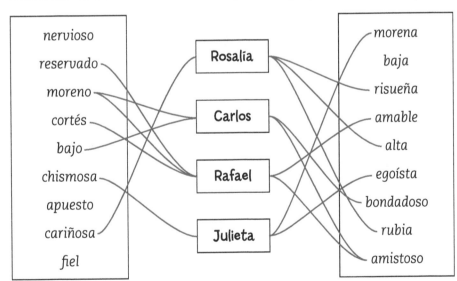

▶ **Escucha** de nuevo y escribe una oración para describir a cada persona.

1. Rosalía es alta, rubia, risueña y cariñosa.
2. Carlos es bajo, moreno, bondadoso y amistoso.
3. Rafael es moreno, amable y reservado.
4. Julieta es morena, egoísta y chismosa.

7 **Mis vecinos**

▶ **Escucha** la descripción de los vecinos de Marcela. Escribe el nombre y tres características físicas de cada persona junto a su imagen.

A

Cecilio es moreno y apuesto.

Tiene barba y bigote.

_____

_____

Alberto es alto, rubio y tiene bigote.

_____

_____

_____

B

C

Daniel es pelirrojo y muy apuesto.

Tiene una cicatriz en la mejilla.

_____

_____

8 **Antes del examen**

▶ **Escucha** la conversación entre Guillermo y Marta. Luego, responde a las preguntas.

1. ¿Cómo está Marta? ¿Por qué?

   Marta está nerviosa por el examen de Química.

2. ¿Cómo está Guillermo? ¿Por qué?

   Está muy tranquilo porque su hermana le ayudó a preparar el examen.

3. ¿Cómo es la hermana de Guillermo?

   La hermana de Guillermo es inteligentísima.

4. ¿Cómo es Guillermo?

   Es muy amable.

Nombre: ....   **Fecha:** ....

9 Mi amigo es así

▶ **Habla** con tu compañero(a) sobre tu mejor amigo(a). Describe con detalle sus características físicas y sus rasgos de personalidad. Usa la tabla para organizar tus ideas y anotar la información de tu compañero(a).

	CARACTERÍSTICAS FÍSICAS	RASGOS DE PERSONALIDAD
Tu mejor amigo(a)	Es alta y morena. Tiene el cabello rizado y pecas en la cara.	Es muy risueña, bondadosa y muy cariñosa.
El/la mejor amigo(a) de tu compañero(a)		

10 ¿Quién es?

▶ **Juega** con tu compañero(a). Piensa un personaje de un libro o una película; tu compañero(a) debe hacerte preguntas para adivinar quién es. Luego, tú debes descubrir quién es su personaje.

Modelo

¿Es un personaje de un libro?

No, es de una tira cómica.

¿Tiene el pelo lacio o rizado?

Tiene el pelo lacio.

11 **¿Triste o contento?**

▶ **Habla** con tu compañero(a) sobre las personas de las imágenes. Compárenlas. ¿Cómo son? ¿Cómo están? Luego, escribe un pequeño resumen de su comparación.

El chico está mucho más triste porque se cayó de la bicicleta.

La chica está mucho más contenta porque ganó una carrera.

Él está preocupado por el golpe. Ella está muy sonriente por su

triunfo.

12 **Las tiras cómicas**

▶ **Habla** con tu compañero(a). Elijan dos personajes de las tiras cómicas vistas en la unidad y compárenlos. Deben describir su aspecto físico y su personalidad. ¿En qué se parecen y en qué se diferencian?

Modelo

Condorito tiene los ojos grandes.

Yayita tiene los ojos almendrados.

Condorito tiene los ojos más grandes que Yayita.

Nombre: _____   Fecha: _____

13 Fotos de familia

▶ **Escucha** y escribe el nombre de los familiares de Elena debajo de su fotografía.

Dolores	Fernando	Cristina	Alberto	Gisela
Juan	Álex	Sergio	Lidia	

Cristina y Alberto

Lidia y Gisela

Juan, Álex y Sergio

Dolores y Fernando

▶ **Escucha** otra vez y elige la opción correcta.

1. Juan es el _____cuñado_____ de Ramiro.
   a. hermanastro   ⓑ cuñado   c. padrastro

2. Alberto va a ser el _____yerno_____ de Violeta.
   a. cuñado   b. suegro   ⓒ yerno

3. La _____abuela_____ paterna de Elena es viuda.
   a. prima   ⓑ abuela   c. tía

4. El tío de Elena está _____divorciado_____.
   a. prometido   ⓑ divorciado   c. casado

5. Dolores y Fernando son los _____suegros_____ de Ramiro.
   a. tíos   b. yernos   ⓒ suegros

14 **Conversaciones**

▶ **Escucha** las conversaciones y responde a las preguntas.

1. ¿Qué estaba haciendo Miguel cuando empezó a llover?

   Estaba jugando al fútbol.

2. ¿Qué estaba haciendo Marisa cuando la llamó Sandra?

   Estaba estudiando Literatura.

3. ¿Por qué Manuel llegó tarde a clase?

   Estaba leyendo en la biblioteca y olvidó mirar la hora.

4. ¿Qué estaba haciendo Cristina cuando sonó el teléfono?

   Estaba viendo una película de misterio.

5. ¿Qué estaba haciendo Vicente el sábado cuando lo llamó su amigo?

   Estaba cenando con su hermano en el centro comercial.

15 **El testigo**

▶ **Escucha** el diálogo y completa la declaración de la testigo (witness). Usa los verbos del recuadro en pasado.

acercarse	llevar	llevarse	mirar	ocurrir
pasear	ser	tener	tomar	ver

Lugar del incidente: Parque del Pilar   **Hora:** 4:00 p. m.

DECLARACIÓN

La testigo, D.ª Guadalupe Jiménez, _estaba tomando_ un café
en el restaurante Madrid cuando _ocurrió_ el robo.
Ella _estaba mirando_ por la ventana del restaurante
y _vio_ al sospechoso (suspect). A la testigo
le pareció un hombre un poco raro. Según la señora Jiménez,
el sospechoso _era_ alto y delgado,
llevaba un abrigo y gafas de sol,
y _tenía_ una cicatriz en la cara y un bigote
enorme, quizá falso. Cuenta la señora Jiménez que el sospechoso
se acercó a una señora que _estaba paseando_
con su perro y _se llevó_ el perro.

Nombre: _____   Fecha: _____

16 ¿Cómo es tu familia?

▶ **Habla** con tu compañero(a). Hazle preguntas para saber un poco más sobre algunas personas de su familia. Luego, él o ella te pregunta a ti. Escribe cuatro oraciones a partir de sus respuestas.

Modelo

¿Cuántos hermanos tienes?

Tengo un hermano y una hermanastra.

¿Cómo es tu hermanastra?

Mi hermanastra es mayor que yo; tiene 18 años. Es muy risueña y amable...

1. _____
2. _____
3. _____
4. _____

17 En invierno y en verano

▶ **Habla** con tu compañero(a) de las cosas que hacías cuando eras niño en cada estación del año. Usa el cuadro para organizar tus ideas.

INVIERNO	PRIMAVERA
Iba a esquiar.	
VERANO	OTOÑO

ANSWERS WILL VARY

18 Acciones que se cruzan

▶ **Habla** con tu compañero(a). Cuenten qué estaba sucediendo en cada situación.

Modelo

> Diego y Lucia estaban tomando un helado en la cafetería cuando llegó Mariana.

A

C

E

B

D

F

19 Hace un siglo

ANSWERS WILL VARY

▶ **Habla** con tres compañeros(as). ¿Cómo era la vida hace cien años?

Modelo

> Hace cien años estaban construyendo la casa de mis abuelos.

> ¡La gente no tenía computadoras!

Español Santillana. Speaking and Listening Workbook. Unidad 1

Nombre: ....   **Fecha:** ....

20 **El abuelo de Santiago**

▶ **Escucha** la conversación entre Santiago y su abuelo. Luego, ordena los eventos.

a. __7__ Terminó la universidad.

b. __8__ Conoció a la abuela de Santiago.

c. __3__ Fue a la escuela en San Juan.

d. __10__ Nació el padre de Santiago.

e. __2__ Lo bautizaron.

f. __6__ Fue a la universidad.

g. __5__ Trabajó en el campo.

h. __13__ Trabajó en su tienda.

i. __12__ Nació la tía de Santiago.

j. __9__ Se casó con la abuela de Santiago.

k. __1__ Nació en San Juan de Puerto Rico.

l. __4__ Iba a la playa con sus amigos.

m. __11__ Se trasladó con su familia a Florida.

n. __14__ Se jubiló.

▶ **Escucha** otra vez y relaciona cada evento con la etapa correspondiente.

INFANCIA	Nació en San Juan de Puerto Rico. Allí lo bautizaron y fue a la escuela.
ADOLESCENCIA	Iba a la escuela en San Juan. Iba a la playa con sus amigos.
JUVENTUD	Trabajó en el campo y estudió en la Universidad. Conoció a la abuela de Santiago y se casaron.
MADUREZ	Nació el padre de Santiago y se trasladaron a Florida. Allí nació su tía Marta. Trabajaba en su propia tienda.
VEJEZ	Se jubiló.

21 Una biografía literaria

▶ **Escucha** la biografía de Jorge Luis Borges y elige la opción correcta.

1. Borges vivió en Suiza en su _____adolescencia_____.
   a. adolescencia   b. matrimonio   c. madurez

2. Escribió sus primeros libros en su _____juventud_____.
   a. graduación   b. madurez   c. juventud

4. Borges _____leía_____ mucho.
   a. leía   b. lee   c. lea

3. Se quedó ciego en su _____madurez_____.
   a. vejez   b. madurez   c. niñez

5. Le interesaban otras religiones, como el judaísmo y el _____islamismo_____.
   a. hinduismo   b. budismo   c. islamismo

6. En 1973 se _____jubiló_____ como director de la Biblioteca Nacional.
   a. graduó   b. jubiló   c. bautizó

7. Borges se casó con su segunda esposa en su _____vejez_____.
   a. juventud   b. vejez   c. madurez

8. Borges _____murió_____ en Suiza en 1986.
   a. murió   b. nació   c. trabajó

22 Situaciones

▶ **Escucha** y elige la opción correcta.

1. a. La semana pasada ella no sabía que la fiesta era para ella.

   b. La semana pasada ella no supo que la fiesta era para ella.

2. a. Juan conocía a Sofía ayer.

   b. Juan conoció a Sofía ayer.

3. a. Ella pudo ir al parque el lunes pasado, pero no quería.

   b. Ella quería ir al parque el lunes pasado y no pudo.

4. a. Cuando sabía su nombre, le hablé.

   b. Cuando supe su nombre, le hablé.

5. a. Cuando hacía la tarea, te llamé.

   b. Cuando hice la tarea, te llamé.

Nombre: ....   **Fecha:** ....

23   Recuerdos de mi infancia

ANSWERS WILL VARY

▶ **Habla** con tu compañero(a) sobre las cosas que hacías cuando eras niño(a).

Modelo

Cuando era niño, iba a la playa todos los veranos...

De pequeña me gustaba jugar a la pelota...

24   El ciclo de la vida

ANSWERS WILL VARY

▶ **Habla** con tu compañero(a) sobre el personaje de las imágenes. Identifiquen cada etapa de su vida, ordenen las etapas y escriban una pequeña historia. Luego, presenten su historia a la clase.

3   4   1   2

A Eduardo le gustaba mucho jugar con la pelota cuando era un niño. En su adolescencia, formó parte del equipo de baloncesto de su instituto. Después, tuvo un hijo y cuando fue abuelo, le regaló una pelota a su nieto. Quiere que sea un gran jugador profesional.

_____

_____

_____

25 **Celebraciones**

▶ **Habla** con tu compañero(a) sobre las celebraciones de las fotografías. ¿Asististe alguna vez a celebraciones como estas? ¿Cuándo? ¿Qué recuerdos tienes? ¿Cuál es su favorita y por qué?

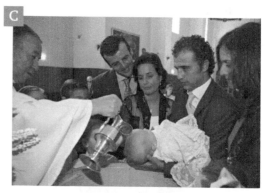

26 **¿Cuándo?**

▶ **Habla** con tu compañero(a). ¿Cuándo fue la primera vez que hicieron estas actividades?

Modelo

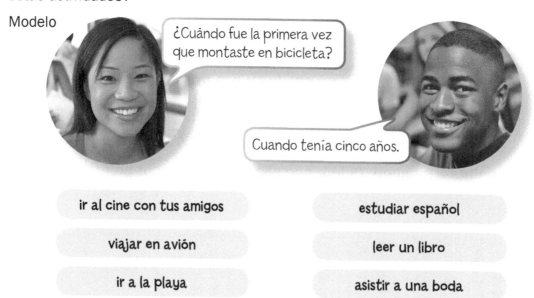

¿Cuándo fue la primera vez que montaste en bicicleta?

Cuando tenía cinco años.

ir al cine con tus amigos

estudiar español

viajar en avión

leer un libro

ir a la playa

asistir a una boda

Nombre: _____   **Fecha:** _____

27 Mis abuelos

▶ **Escucha** a José hablando de sus abuelos y marca en la tabla qué actividades hacía cada uno de ellos en el pasado.

ACTIVIDAD	ABUELO	ABUELA
Iba al museo.		✓
Iba a bailar.	✓	✓
Iba al cine.		✓
Era buen(a) estudiante.	✓	✓
Jugaba al fútbol.	✓	
Trabajaba.	✓	
Estudiaba en la universidad.	✓	✓

▶ **Completa** las oraciones comparando a los abuelos.

1. La abuela es tan _____guapa_____ como el abuelo.

2. El abuelo es menos _____risueño_____ que la abuela.

3. La abuela es más _____pequeña_____ que el abuelo.

28 La familia de la novia

▶ **Escucha** y elige la palabra correcta para completar las oraciones.

1. Javier y Lucía se conocen desde la _____infancia_____.
   a. juventud   b. adolescencia   ©.infancia

2. Juan es el _____padrastro_____ de Lucía.
   a. padre   ⓑ padrastro   c. marido

3. Lucía es la _____hermanastra_____ de Teresa.
   a. cuñada   b. nuera   ©.hermanastra

4. Hacía dos años que Javier y Lucía eran novios cuando _____se prometieron_____.
   ⓐ.se prometieron   b. se casaron   c. se divorciaron

5. María es ahora la _____suegra_____ de Javier.
   ⓐ.suegra   b. madrastra   c. ahijada

29 **¡Qué confusión!**

▶ **Escucha** a los testigos y completa los dibujos de los dos ladrones.

El dibujo debe mostrar un hombre moreno, con el pelo rizado, con barba y que va elegantemente vestido.

El dibujo debe mostrar un hombre calvo y con una cicatriz en la cara.

30 **Una celebración**

▶ **Escucha** la conversación y responde a las preguntas.

1. ¿A qué celebración asistió Cecilia?

   Fue a la fiesta de jubilación de su tío.

2. ¿Qué otras personas asistieron a esa celebración?

   Estaba toda su familia y algunos amigos.

3. ¿Qué estaba haciendo Cecilia cuando la invitaron a bailar?

   Estaba hablando con su tío.

4. ¿Cómo era el chico que invitó a bailar a Cecilia?

   Era muy guapo, alto, rubio y con pecas.

5. ¿Cuál es el estado civil del tío de Cecilia?

   Está casado.

Nombre: ....   **Fecha:** ....

31 Mi pariente, tu pariente

▶ **Habla** con tu compañero(a). Describan a su pariente favorito. ¿En qué se parecen tu pariente y el suyo? Escribe un breve texto comparándolos.

Modelo

Mi prima Lisa es baja y tiene muchos lunares...

Mi hermano es rubio. Él es muy amable...

Mi prima es tan amable como tu hermano.

Mi pariente y el de mi compañero(a)

....

....

....

....

32 Cuéntame tu vida

▶ **Habla** con tu compañero(a) sobre tus experiencias en cada etapa de tu vida. Utiliza los verbos del recuadro. ¿Cuál es tu mejor recuerdo? ¿Qué etapa te gusta más? ¿Y a tu compañero? ¿Por qué?

Modelo

Cuando era pequeño jugaba todo el día. Un día estaba jugando en el jardín cuando...

llevar	pensar	estar	jugar	tener	conocer
aprender	ir	llegar	estudiar	poder	comer

33 **Hace diez años...**

ANSWERS WILL VARY

▶ **Habla** con tres compañeros(as). ¿Cómo eran hace diez años?

Modelo

34 **¡Qué celebración!**

ANSWERS WILL VARY

▶ **Habla** con tu compañero(a). ¿Qué celebraron los chicos? Ordenen las imágenes, creen un relato y preséntenlo a la clase.

4

2

1

5

3

6

Entre amigos

Nombre: .... **Fecha:** ....

VIDA SOCIAL

1 ### Un carnaval de colores

▶ **Escucha** cómo se celebra el Carnaval de Negros y Blancos. Relaciona cada evento con el correspondiente momento del Carnaval.

<u>3</u> a. Hay muñecos que representan el año que termina.

<u>2</u> b. Los niños se disfrazan y organizan un desfile.

<u>3</u> c. Se queman muñecos por la noche.

<u>4</u> d. La gente se pinta la cara de negro.

<u>6</u> e. Hay comparsas y carrozas (*carnaval parade clubs*).

<u>1</u> f. La gente juega con el agua.

<u>5</u> g. Todos se pintan de blanco.

1. el Carnaval del Agua

2. el Carnavalito

3. el Desfile de Años Viejos

4. el Día de los Negros

5. el Día de los Blancos

6. el Desfile Magno

▶ **Escucha** de nuevo y completa las oraciones.

1. El Carnaval de Negros y Blancos se celebra en <u>Pasto (Colombia)</u>.

2. Es una fiesta para celebrar <u>la igualdad entre las personas</u>.

3. El 5 y el 6 de enero son <u>los dos días principales del Carnaval</u>.

4. <u>El Desfile Magno</u> cierra el Carnaval el día 6 de enero.

▶ **Escribe** qué momento del Carnaval de Blancos y Negros representa esta fotografía. ¿En qué consiste? Explícalo.

<u>Es el Desfile Magno.</u>
<u>Es el desfile que cierra</u>
<u>el Carnaval. En él hay</u>
<u>comparsas, carrozas y</u>
<u>grupos de danza y de teatro.</u>
_____
_____

2 Vocales perdidas

▶ **Escucha** y completa las palabras con las vocales que faltan.

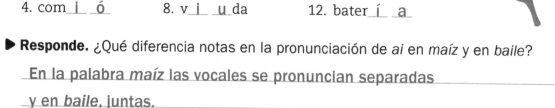

1. t i e rra
2. m a í z
3. b a i le
4. com i ó
5. nov i a
6. t í o
7. c i u dad
8. v i u da
9. p a í s
10. f i e sta
11. r e u n i ó n
12. bater í a

▶ **Responde.** ¿Qué diferencia notas en la pronunciación de *ai* en *maíz* y en *baile*?

En la palabra *maíz* las vocales se pronuncian separadas

y en *baile*, juntas.

▶ **Busca** en las palabras de arriba qué grupos vocálicos se pronuncian en dos sílabas. Escribe las palabras.

ma-íz, tí-o, pa-ís, ba-te-rí-a

▶ **Escribe** dos palabras más con cada uno de estos grupos vocálicos.

iu	ie	ai
viudo	viento	aire
io	**ia**	**eu**
gaviota	anunciar	deuda

3 ¡Qué tía mi tía!

▶ **Escucha**, aprende y recita este poema.

Erneida, mi tía,
no sale de día.
Ella a la ciudad,
casi nunca va.
Y miedo le tiene
a todo el que viene.
Hoy mi perro Justo
le ha dado un buen susto
pues en un descuido
le rompió el vestido.

34

Nombre: ....   **Fecha:** ....

4 Una reconciliación

▶ **Escucha** el diálogo e indica si las siguientes afirmaciones son ciertas (C) o falsas (F).

1. Amanda está enojada con Juan.	C	(F)
2. Juan está celoso de Diego.	(C)	F
3. Amanda está enamorada de Diego.	C	(F)
4. Amanda miente a Juan.	C	(F)
5. Juan le pide perdón a Amanda.	(C)	F
6. Amanda rompe definitivamente con Juan.	C	(F)

▶ **Escucha** otra vez y completa las oraciones.

1. Juan no sabe si puede _____confiar_____ en Amanda.

2. Diego y Amanda son amigos y se _____aprecian_____.

3. Amanda está muy _____enamorada_____ de Juan.

4. A Juan no le gusta _____discutir_____ con Amanda.

5. Juan _____quiere_____ mucho a Amanda.

6. Al final, Amanda y Juan se _____abrazan_____.

5 La familia Rivas

▶ **Escucha** al señor Rivas y escoge el pronombre correcto en cada oración.

1. Todos ___nos___ levantamos a las seis de la mañana.

   a. se   (b) nos   c. los   d. les   e. me

2. Mientras mi esposa ___les___ prepara el desayuno a los niños,

   yo ___me___ ducho.

   a. le–me   b. se–le   c. te–se   d. los–me   (e) les–me

3. Mientras los niños ___se___ visten, mi esposa ___se___ peina.

   a. se–los   b. te–le   (c) se–se   d. lo–se   e. se–le

4. Los niños están listos a las siete. El autobús escolar ___los___ lleva a la escuela.

   a. nos   b. me   (c) los   d. te   e. lo

5. También a las siete, mi esposa y yo ___nos___ vamos a trabajar.

   a. los   b. se   (c) nos   d. les   e. lo

6 **Mi diario, 8:00 a. m.**

▶ **Escucha** lo que Pilar escribió por la mañana en su diario y responde a las preguntas.

1. ¿Qué celebran Pilar y Mario?

   Celebran su aniversario.

2. ¿Qué le va a regalar Pilar a Mario? ¿Dónde se lo va a comprar?

   Quiere regalarle un reloj. Lo va a comprar en el centro comercial.

3. ¿A qué hora piensan verse?

   Se van a encontrar a las seis de la tarde.

4. ¿Qué van a hacer después de ir al cine?

   Van a ir a cenar a su restaurante favorito.

▶ **Escucha** de nuevo y completa las oraciones con el pronombre correcto.

1. Jorge ___los___ invitó a los dos a su fiesta de cumpleaños.

2. Su amiga Patricia ___le___ presentó a Mario.

3. A Pilar Mario ___le___ pareció un chico muy atractivo y divertido.

4. Mario se acercó a Pilar y ___la___ invitó a bailar.

5. Mario salió con Pilar de la fiesta, ___la___ acompañó hasta su casa

   y Pilar ___le___ dio su número de teléfono.

7 **Mi diario, 11:00 p. m.**

▶ **Escucha** lo que Pilar escribió en su diario por la noche y marca el sujeto o el complemento correcto en cada caso, o los dos.

	MARIO	PILAR	A MARIO	A PILAR
1. Le gustó mucho el regalo.			✓	
2. Le dará una sorpresa el sábado.	✓			✓
3. Le pidió perdón.	✓			✓
4. Se olvidó del regalo.	✓			
5. Se entienden muy bien.	✓	✓		
6. Le pareció deliciosa la comida.				✓
7. Se abrazaron.	✓	✓		

Nombre: ....   **Fecha:** ....

8 Tres historias

▶ **Habla** con tu compañero(a). Inventen tres historias basadas en las imágenes usando las palabras de las cajas.

abrazo	equivocarse
amistad	confianza
apoyar	apreciar

amor	reconciliarse
celos	fidelidad
dolor	romper

echar la culpa	confiar
pedir perdón	mentir
perdonar	discutir

9 Una fiesta de disfraces

▶ **Habla** con tu compañero(a) sobre una fiesta de disfraces que se celebrará en la escuela. Túrnense para hacer preguntas y responder usando pronombres de objeto directo e indirecto.

Modelo

¿Ya compraste el disfraz para la fiesta?

No, no lo compré. ¡Me lo hice yo!

Español Santillana. Speaking and Listening Workbook. Unidad 2

37

10 Por la mañana

▶ **Habla** con tu compañero(a). ¿Qué hicieron las personas del dibujo ayer?
Usa verbos reflexivos y recíprocos.

Modelo

El chico se despertó a las siete de la mañana.

11 Nuestra amistad

▶ **Habla** con tu compañero(a). Imaginen que se conocen desde la infancia
y cuenten cómo es su amistad. Usen los verbos del recuadro.

Modelo

Nosotros nos conocemos desde la infancia.

¡Y rara vez nos peleamos!

abrazarse	apoyarse	ayudarse	conocerse	contarse
entenderse	hablarse	pelearse	quererse	verse

Nombre: _____   **Fecha:** _____

12 La fiesta de Rubén

▶ **Escucha** los diálogos y relaciona cada uno con una imagen. Después, escúchalos de nuevo y completa las presentaciones.

—Hola, Andrea. <u>Quiero presentarte</u> a Sofía Martínez.

—<u>Encantada de conocerla, Sofía.</u>

—Hola, Rubén. <u>Permíteme presentarte</u> a Claudio Rojas.

—<u>Mucho gusto, Claudio.</u>

—Buenas tardes. Mi nombre es Rubén.

—<u>Encantado, Rubén. Yo soy Rodrigo</u> <u>Escobar.</u>

13 ¿Tienes planes para hoy?

▶ **Escucha** la conversación y responde a las preguntas.

1. ¿Cómo está Sara?

   <u>Está aburrida.</u>

2. ¿Qué le propone Sara a Carmen?

   <u>La invita a merendar en su casa y ver allí una película.</u>

3. ¿Acepta Sara la invitación de Carmen? ¿Por qué?

   <u>No puede aceptarla porque tiene que estudiar.</u>

4. ¿Qué le propone Carmen a Sara?

   <u>Le propone ir al cine al día siguiente.</u>

Español Santillana. Speaking and Listening Workbook. Unidad 2

39

14 **Un discurso**

▶ **Escucha** el discurso de Pedro e indica si estas afirmaciones son ciertas (C) o falsas (F). Luego, corrige las afirmaciones falsas.

1. A Pedro no le gusta mucho la política.   C   (F)

  A Pedro le encanta la política.

2. Pedro quiere que lo elijan como presidente estudiantil.   (C)   F

3. A Pedro no le interesa el futuro de los estudiantes.   C   (F)

  A Pedro le interesa mucho el futuro de los estudiantes.

4. A Pedro le encanta jugar al tenis.   C   (F)

  A Pedro le encanta el fútbol.

▶ **Escucha** de nuevo y completa las oraciones. Usa los verbos del recuadro en la forma adecuada.

elegir	jugar	organizar	participar	saber

1. Pedro desea que los estudiantes lo _____elijan_____ como su presidente.

2. A Pedro le interesa _____saber_____ todo lo que pasa en la escuela.

3. Pedro quiere _____organizar_____ muchas actividades y desea que todos

  los estudiantes _____participen_____ en los eventos de la escuela.

4. Pedro propone que todos los viernes _____jueguen_____ al fútbol en la escuela.

15 **Una reunión**

▶ **Escucha** a Paola y completa las oraciones con los verbos del recuadro. Presta atención a las formas de los verbos y de los pronombres.

acordar	acordarse	irse	quedar	quedarse

1. Solo falta _____acordar_____ el lugar y hora de la reunión.

2. Podemos _____quedar_____ todos en la puerta de la escuela.

3. Debemos _____acordarnos_____ de estudiar bien las normas de la organización.

4. Tú y yo podemos _____quedarnos_____ después para hablar un poco más.

5. Si la sala de la reunión está ocupada, podemos _____irnos_____ a mi casa.

Nombre: _____   **Fecha:** _____

16 Invitaciones

▶ **Representa** con tu compañero(a) diálogos para las siguientes situaciones.

Modelo

Ramiro, ¿estás ocupado?

No, ya terminé de estudiar.

¿Te apetece ir al cine?

Situación 1 El señor Salazar invita a Javier a una exposición de pintura. Javier acepta.	**Situación 3** Melba invita a Raúl a su casa para conocer a un amigo. Raúl no puede ir.
Situación 2 Arturo invita a Luisa a una fiesta. Luisa rechaza la invitación.	**Situación 4** Gerardo invita a Patricia a tomar café. Patricia acepta.

17 Una entrevista

▶ **Representa** con tu compañero(a) una entrevista a un(a) deportista famoso(a).
El/la periodista debe hacerle preguntas sobre sus gustos, intereses y preferencias.

Modelo

Buenas tardes, señor Moreno. Muchas gracias por concederme esta entrevista.

Encantado, María. Muchas gracias a usted.

Dígame, señor Moreno, ¿qué es lo más importante para usted?

Lo más importante para mí es jugar al tenis.

Español Santillana. Speaking and Listening Workbook. Unidad 2

41

18 **Ojalá que...**

▶ **Habla** con tu compañero(a) sobre la fiesta que va a dar Emma. Haz comentarios a partir de los dibujos y responde a los comentarios de tu compañero(a) usando *ojalá que...*

Modelo

> Dicen que la fiesta va a empezar a las ocho.

> Ojalá que empiece a las ocho y media.

A

C

E

B

D

F

19 **Invéntate una historia**

▶ **Inventa** con tu compañero(a) una historia usando verbos del recuadro. Después, escriban un resumen de su historia.

olvidarse ✓	irse ✓	preocuparse ✓	acordarse	parecerse
comerse	salir ✓	aprenderse	dormirse	quedarse ✓

Ayer por la mañana me quedé dormido y me levanté muy tarde.

Cuando me desperté, no oí ningún ruido y me preocupé. ¿Adónde se

habían ido todos? Pero cuando salí de mi habitación, toda mi familia

estaba ahí esperándome. Querían darme una sorpresa. ¡Se me había

olvidado que era mi cumpleaños!

Nombre: _____   **Fecha:** _____

20 Pablo al teléfono

▶ **Escucha** el diálogo y relaciona ambas columnas para formar frases.

Ⓐ

1. Pablo tiene que…
2. Pablo va a…
3. Pablo va a…
4. Pablo quiere…

Ⓑ

a. dejar un mensaje de voz.
b. comprar una tarjeta telefónica.
c. devolver la llamada.
d. ponerse al teléfono.

21 Una llamada telefónica

▶ **Escucha** la conversación telefónica y responde a las preguntas.

1. ¿Quién llama por teléfono?

   Marisa.

2. ¿Con quién quiere hablar?

   Quiere hablar con Fabián.

3. ¿Quién contesta al teléfono?

   Contesta Clara, la mamá de Fabián.

4. ¿Cuándo llegará Fabián?

   Fabián llegará sobre las seis.

5. ¿Qué recado le deja Marisa a Fabián?

   Que lo ha llamado.

22 Un mensaje telefónico

▶ **Escribe** el texto completo del SMS que César le envió a Lucas. Luego, escucha el mensaje de voz que le dejó en su buzón y comprueba tu respuesta.

> Ola! Leist mi mnsaj? No se nd de ti! Q hcs? Dnd stas? Y pq no cntstas? Paco t llamo tmb pero tpco pudo hblr cntigo. Stas bien? Dvuelvm l llmada, x fvor.

¡Hola! ¿Leíste mi mensaje? ¡No sé nada de ti! ¿Qué haces? ¿Dónde estás? ¿Y por qué no contestas? Paco te llamó también, pero tampoco pudo hablar contigo. ¿Estás bien? Devuélveme la llamada, por favor.

23 **Consulta médica**

▶ **Escucha** la conversación y elige la respuesta correcta.

1. Federico llamó al doctor Pinzón y _____ habló con él _____.

   a. le dejó un recado   ⓑ habló con él   c. le dejó un mensaje

2. El doctor Pinzón _____ descolgó _____ el teléfono.

   a. devolvió   ⓑ descolgó   c. marcó

3. Federico _____ tiene _____ que beber mucha agua.

   ⓐ tiene   b. hay   c. necesita

4. Federico _____ debe _____ acostarse y no caminar.

   ⓐ debe   b. tiene   c. hay

5. Muy pronto Federico se _____ sentirá _____ mejor.

   a. siente   ⓑ sentirá   c. sintió

6. Dentro de dos o tres días, Federico _____ llamará _____ al doctor.

   a. llamó   b. necesita   ⓒ llamará

7. Si no mejora, Federico _____ tendrá _____ que ir a la consulta del doctor.

   a. debe   b. habrá   ⓒ tendrá

24 **Un posible trabajo**

▶ **Escucha** el mensaje de Sonia y completa el texto con los verbos del recuadro en futuro.

poder	hacer	tener	enviar	ir

Un trabajo para Sonia

Sonia _____ enviará _____ su currículum

mañana. El próximo lunes, _____ hará _____

un test psicológico y un examen de cultura.

El martes _____ irá _____ a las oficinas

de la compañía para una entrevista

y _____ podrá _____ hablar con el jefe.

Después _____ tendrá _____ que esperar otra

semana para que le den una respuesta.

Nombre: ....   **Fecha:** ....

25 **¿Diga?**

▶ **Representa** con tu compañero(a) una conversación telefónica: uno(a) de ustedes llama a un(a) amigo(a), pero no está. Luego, cambien los papeles.

Modelo

26 **¿Qué deben hacer?**

▶ **Habla** con tu compañero(a). Busquen dos posibles soluciones para estas situaciones. Usen *deber*, *tener que* o *haber que*.

Modelo *Pablo no está contento con su trabajo.*

Sandra está buscando trabajo.

Antonio saca muy malas notas en su clase de Español.

María va a vivir en España durante un año.

Carlos no lleva una vida saludable.

Miguel está organizando una fiesta para su cumpleaños.

Carla y su novio discuten mucho.

27 **La semana de Rocío**

ANSWERS WILL VARY

▶ **Habla** con tu compañero(a) sobre las actividades de Rocío para la semana que viene y completen la tabla.

Modelo

¿Y qué hará el martes por la mañana?

A las nueve de la mañana tendrá clase de Historia.

¿Cuándo tiene Rocío el examen de Ciencias?

Ella hará el examen el jueves, a las tres de la tarde.

LUNES	MARTES	MIÉRCOLES	JUEVES	VIERNES	SÁBADO	DOMINGO
Gimnasio. 7:00 a. m.	Clase de Historia. 9:00 a. m.	Laboratorio de Química. 10:00 a. m.			Partido de fútbol en el parque. 10:00 a. m.	Playa. 11:00 a. m.
Biblioteca. 11:00 a. m.				Ir a la librería. 11:00 a. m.		
	Estudiar con Andrés. 2:00 p. m.		Examen de Ciencias. 3:00 p. m.		Café con Cecilia. 4:00 p. m.	Almuerzo con los abuelos. 1:00 p. m.
Clase de Francés. 5:00 p. m.	Cine con Sara. 8:00 p. m.	Fiesta de Pedro. 9:00 p. m.		Visita de Manuela. 7:00 p. m.		

28 **El año que viene...**

ANSWERS WILL VARY

▶ **Habla** con tres compañeros(as). ¿Qué propósitos o planes tienen para el futuro?

Modelo

El próximo año haré más deporte.

¡Yo aprenderé a cocinar!

Yo leeré más libros en español.

Nombre: ....   **Fecha:** ....

29 Regalos para todos

▶ **Escucha** la conversación telefónica y escribe qué persona va a recibir cada uno de estos regalos.

A — Buenos Aires y lo mejor de Argentina — Sofía

C — 500 platos mexicanos — Gisela

E — Los hijos de las Tinieblas. José Antonio Cotrina — Papá

B — Taller de pintura. Técnicas mixtas — Carlos

D — los mamíferos — Manuel

F — Sanguinarius. 13 Historias de vampiros — Carmen

▶ **Escucha** otra vez y elige la respuesta correcta.

1. Gisela quiere comprar___le___ (le/ lo) a su primo Manuel un libro sobre la naturaleza.

2. A su prima Carmen ___le___ (le/ les) gustan las novelas de vampiros.

3. A su tío Carlos ___le___ (le/ lo) puede interesar un libro de técnicas de pintura.

4. Gisela comprará una novela para su papá. ___La___ (La/ Le) prefiere de misterio.

5. A su hermana ___le___ (le/ la) encantará una guía de Argentina.

6. Gisela quiere comprar___se___ (se/ me) un libro de recetas mexicanas.

30 **Instrucciones de mamá**

▶ **Escucha** las instrucciones de la señora Valencia y completa la(s) nota(s) que escribieron sus hijos. Usa los verbos de las cajas.

Rodolfo

- Debo ____acordarme____ de apagar las luces antes de ____acostarnos____.

- Debo ____encargarme____ de sacar la basura.

- Tengo que ____levantarme____ a las siete.

levantarse

despertarse

irse

encargarse

acostarse

acordarse   lavarse   olvidarse

Mauricio

- No debo ____olvidarme____ de echarle agua a las plantas.

- Debo ____despertarme____ a las seis de la mañana.

Rodolfo y Mauricio

- Tenemos que ____irnos____ a la cama antes de las once de la noche.

- Tenemos que ____lavarnos____ los dientes todas las noches antes de ____acostarnos____.

31 **Entrevista de trabajo**

▶ **Escucha** las recomendaciones dadas por el experto y completa las oraciones con los verbos que faltan en futuro.

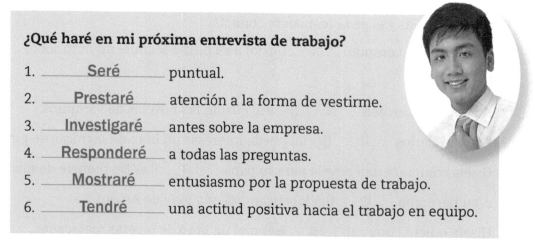

¿Qué haré en mi próxima entrevista de trabajo?

1. ____Seré____ puntual.

2. ____Prestaré____ atención a la forma de vestirme.

3. ____Investigaré____ antes sobre la empresa.

4. ____Responderé____ a todas las preguntas.

5. ____Mostraré____ entusiasmo por la propuesta de trabajo.

6. ____Tendré____ una actitud positiva hacia el trabajo en equipo.

Nombre: .... **Fecha:** ....

32 Te invito a...

▶ **Representa** con tu compañero(a) una llamada telefónica. Quieren invitar a la otra persona o hacer algún plan con ella. Usen las expresiones del recuadro.

Modelo

¿Diga?

¡Hola, Cecilia! ¿Estás ocupada?

¿Vamos a...?	De acuerdo.	No, no me apetece.
¿Te apetece...?	Vale.	Gracias, pero no puedo.
¿Estás ocupado(a)?	Con mucho gusto.	No sé...
Te invito a...	Me parece un buen plan.	Lo siento, pero estoy ocupado(a).

33 De viaje

▶ **Habla** con tu compañero(a). Hagan un plan de viaje para las próximas vacaciones. Luego, escriban un resumen de su plan.

Modelo

Yo compraré los boletos para ir a...

Yo haré...

....

....

....

....

Español Santillana. Speaking and Listening Workbook. Unidad 2

49

▶ **Habla** con tu compañero(a). Imaginen que están en un centro comercial y quieren comprar varias cosas. Utilicen verbos como *gustar*, *encantar*, *interesar* y *apetecer*. Usen también verbos en futuro.

Modelo

Me encanta este vestido. Ojalá que mi mamá me lo compre.

Te queda muy bien. Seguro que te lo comprará.

35 **La próxima semana**

▶ **Habla** con tu compañero(a) de los planes que tienes para la próxima semana. Anótalos y compártelos con él/ella. ¿Tienen algún plan en común? ¿Qué es lo más divertido que harás? ¿Y tu compañero(a)? Anota también sus planes.

Modelo

Tengo que estudiar porque el próximo martes tengo un examen de Física.

¡Yo lo tengo el miércoles!

Tu agenda

Lunes

Martes

Miércoles

Jueves

Viernes

Sábado

Domingo

La agenda de tu compañero(a)

Lunes

Martes

Miércoles

Jueves

Viernes

Sábado

Domingo

Nombre: _____ Fecha: _____

LA ROPA Y LA VIVIENDA

1 **Trajes típicos**

▶ **Escucha** la descripción de cuatro trajes tradicionales de países hispanos. Identifica los trajes en las fotografías y escribe a qué paises pertenecen.

1. el traje de flamenca   2. el liquiliqui

3. el traje de gaucho   4. el traje de cumbia

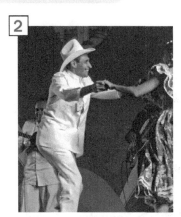

1. _España_

2. _Colombia y Venezuela_

3. _Argentina_

4. _Colombia_

▶ **Escucha** de nuevo y escribe a qué traje típico corresponde cada característica.

1. Es un vestido de colores alegres con volantes. _el traje de flamenca_

2. Es un vestido largo y ajustado. _el traje de flamenca_

3. Consta de un pantalón de vestir y una chaqueta de manga larga. _el liquiliqui_

4. Incluye un sombrero y un poncho. _el traje de gaucho_

5. La blusa es ajustada y la falda es ancha y larga. _el traje de cumbia_

2 El sonido R

▶ **Escucha** y repite las palabras. Luego, escríbelas debajo de la imagen correspondiente.

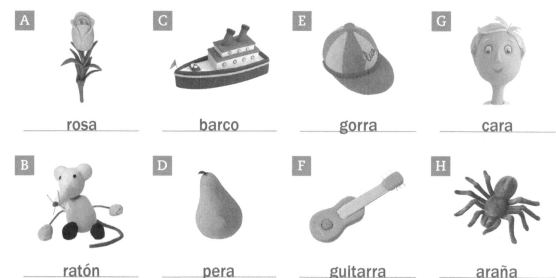

A	C	E	G
rosa	barco	gorra	cara

B	D	F	H
ratón	pera	guitarra	araña

▶ **Escribe** cuatro palabras más con el sonido R. Luego, léeselas a tus compañeros(as).

1. ___perro___   2. _____   3. _____   4. _____

3 El sonido J

▶ **Escucha** y completa las siguientes palabras con *g* o con *j*. Luego, léelas en voz alta.

1. _g_igante   4. _g_imnasio   7. _j_ugo   10. prote_g_er

2. _j_ardín   5. maquilla_j_e   8. pá_g_ina   11. eli_j_o

3. tra_j_e   6. ve_g_etales   9. _g_eografía 12. dibu_j_o

▶ **Escribe** cuatro palabras más con el sonido J. Léeselas a tus compañeros(as).

1. ___jamón___   2. _____   3. _____   4. _____

4 ¿Dónde está Periquito?

▶ **Lee** el poema en voz alta. Luego, escucha y repite.

Periquito el bandolero
se metió en un sombrero;
el sombrero era de paja,
se metió en una caja;
la caja era de cartón,
se metió en un cajón;

el cajón era de pino,
se metió en un pepino;
el pepino maduró
y Periquito se escapó.

Nombre: ....   **Fecha:** ....

5 Un uniforme muy elegante

▶ **Escucha** la conversación telefónica y marca con ✓ las prendas del uniforme.

▶ **Describe**. ¿Cómo es el uniforme de la banda de música?

El uniforme consiste en: camisa blanca de algodón, pantalón azul con

bolsillos, chaqueta azul de terciopelo, zapatos negros con cordones

y cinturón.

_____

6 ¡Qué aguacero!

▶ **Escucha** la conversación y completa las oraciones con el participio adecuado.

1. El suéter de Sandra está _____mojado_____ porque llueve mucho.

3. La tienda de la esquina está _____cerrada_____ hasta las cuatro.

4. Sandra necesita otros zapatos porque los suyos están _____cubiertos_____
   de barro (*mud*) y _____rotos_____.

5. Toda la ropa de Diana está _____lavada_____ y _____planchada_____.

6. Diana y Sandra están _____muertas_____ de cansancio (*worn out*).

7 Vamos a una fiesta

▶ **Escucha** la conversación y relaciona cada persona con la acción que ha realizado.

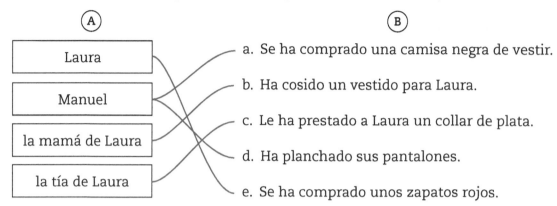

(A)

| Laura |
| Manuel |
| la mamá de Laura |
| la tía de Laura |

(B)

a. Se ha comprado una camisa negra de vestir.

b. Ha cosido un vestido para Laura.

c. Le ha prestado a Laura un collar de plata.

d. Ha planchado sus pantalones.

e. Se ha comprado unos zapatos rojos.

▶ **Escucha** otra vez y escribe. ¿Qué ropa llevarán los chicos a la fiesta?

Laura

Un vestido azul, unos zapatos
rojos y un collar de plata.

Manuel

Una camisa negra, un pantalón
gris y unos zapatos negros.

8 En el centro comercial

▶ **Escucha** el relato de Carolina y completa las oraciones con el presente perfecto del verbo correcto.

1. Carolina y su madre _____ han ido _____ hoy al centro comercial y se

   _____ han divertido _____ mucho.

2. Carolina y su madre _____ han comprado _____ muchas cosas para su casa

   nueva. También _____ han tomado _____ una cena deliciosa.

3. Carolina _____ ha visto _____ unos zapatos de tacón y un pañuelo

   de seda muy bonitos, pero no los _____ ha comprado _____. Ella

   _____ ha decidido _____ volver cuando tenga un poco más de dinero.

Español Santillana. Speaking and Listening Workbook. Unidad 3

Nombre: ....   **Fecha:** ....

9   **¿Qué ropa llevan puesta?**

▶ **Habla** con tu compañero(a). Por turnos, describan qué prendas de vestir llevan estas personas. Debe ser ropa adecuada para las diferentes situaciones.

Modelo   *Jorge y Renata van a ir a un concierto al aire libre. Es invierno.*

> Jorge lleva ropa cómoda y de abrigo. Lleva unos jeans, un suéter...

> Renata también lleva ropa de abrigo. Lleva una falda larga de lana...

1. Juana y Doris van a la playa.
2. Samuel y Ligia van a jugar al tenis con unos amigos.
3. Luisa y Daniel tienen una entrevista de trabajo.
4. Francisca y Andrea van a jugar en la nieve.
5. Hilda y Rosalía van a ir a una boda.

10   **Un robo**

▶ **Representa** con tu compañero(a) una conversación entre un(a) policía y el/la dueño(a) de la casa donde ha habido un robo. Usen participios y el presente perfecto.

Modelo

> ¿Cómo estaba la puerta principal?

> La puerta principal estaba abierta.

11 Preparativos para la fiesta

▶ **Habla** con tu compañero(a). Imaginen que van a dar una fiesta de cumpleaños. ¿Qué preparativos ha hecho cada uno(a)? Por turnos, pregunten y respondan.

Modelo

¿Has enviado las invitaciones?

No, todavía no las he enviado.

A

C

E

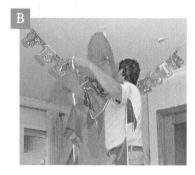

B

D

F

12 El secreto del éxito

▶ **Habla** con tu compañero(a). Piensen tres personas famosas y digan qué han hecho para tener éxito. Escriban lo que consideran más importante. Después, comparen su lista con la de otros(as) compañeros(as).

Modelo

Sonia Sotomayor es una jueza excelente.

Sí, ella ha estudiado mucho y...

Nombre: ....   **Fecha:** ....

13 En la tienda

▶ **Escucha** el diálogo entre un cliente y un vendedor. Indica si estas afirmaciones son ciertas (C) o falsas (F).

1. El cliente busca algún vendedor en la sección de muebles.   Ⓒ   F
2. Todas las estanterías pequeñas de la tienda son de madera.   Ⓒ   F
3. El cliente necesita varios cojines grandes y duros.   C   Ⓕ
4. El cliente quiere una alfombra rectangular de buena calidad.   C   Ⓕ
5. Después, el cliente debe hablar con un empleado de otra sección.   Ⓒ   F

14 Silvia busca apartamento

▶ **Escucha** la conversación y elige la palabra correcta para completar las oraciones.

1. Silvia ha visto en el periódico que se alquilan ___algunos___ apartamentos.
   Ⓐ algunos   b. muchos   c. pocos

2. En Apartamentos El Pinar tienen ___varios___ apartamentos disponibles.
   a. pocos   Ⓑ varios   c. ninguno

3. En el apartamento que ha visto Silvia hay ___pocos___ muebles.
   a. algunos   b. muchos   Ⓒ pocos

4. Silvia no debe tardar ___demasiado___ en decidirse.
   a. poco   Ⓑ demasiado   c. algo

5. Puede haber ___otras___ personas interesadas en el apartamento.
   a. varias   Ⓑ otras   c. pequeño

▶ **Escucha** otra vez y describe. ¿Cómo es el apartamento que ha visto Silvia?

El apartamento mide unos cuarenta y cinco
metros cuadrados. Es muy nuevo y acaban de
pintarlo. El suelo es de madera. En el salón
tiene una mesa grande de madera y cristal.
En las habitaciones hay pocos muebles.

15 **Poniendo la mesa para la fiesta**

▶ **Escucha** la conversación y relaciona las columnas para formar oraciones.

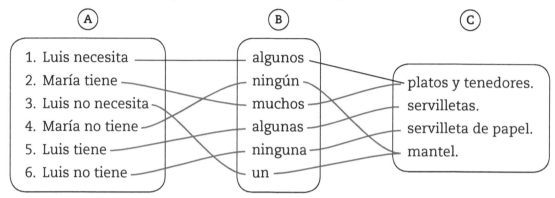

A	B	C
1. Luis necesita	algunos	platos y tenedores.
2. María tiene	ningún	servilletas.
3. Luis no necesita	muchos	servilleta de papel.
4. María no tiene	algunas	mantel.
5. Luis tiene	ninguna	
6. Luis no tiene	un	

▶ **Escucha** de nuevo y completa las oraciones con los indefinidos y las palabras que faltan.

1. Luis necesita algunos platos y tenedores ___de plástico___. María tiene ___muchos___ en su casa porque compró ___demasiados___ para la última fiesta.

2. Luis necesita servilletas ___de papel___, que son más ___suaves___. Solo tiene servilletas ___de tela___ y son ___ásperas___.

3. María no tiene ___ningún___ mantel ___elegante___ para la fiesta, pero Luis tiene un mantel ___redondo___ de color azul.

16 **En la cocina**

▶ **Escucha** la conversación y completa la receta usando construcciones impersonales con los verbos del recuadro.

poner ✓	añadir	cocer	servir	mezclar	dejar	echar

Pasos para preparar un delicioso arroz con leche

1.º ___Se pone___ a hervir la leche en una olla grande.

2.º ___Se añade___ azúcar, una cáscara de limón o de naranja y canela en rama.

3.º Cuando la leche esté hirviendo, ___se echa___ el arroz y ___se mezcla___ todo bien.

4.º ___Se cuece___ el arroz hasta que quede poca leche.

5.º ___Se deja___ enfriar y ___se sirve___ con un poco de canela.

Nombre: ....   **Fecha:** ....

17 **Adivinanzas**

▶ **Habla** con tu compañero(a). Piensa en un objeto y dale pistas para que adivine qué objeto es. Usa palabras del vocabulario que has aprendido para describir la forma, la textura y los materiales. Luego, tú debes adivinar su objeto.

Modelo

Puede ser redondo, ovalado o cuadrado. Es blando y sirve para borrar.

¡Es un borrador!

18 **Mi plato favorito**

▶ **Habla** con tu compañero(a). Pregúntale cuál es su plato favorito y cómo se prepara. Él o ella debe responder usando construcciones impersonales con se y luego te pregunta a ti.

Modelo

¿Cuál es tu plato favorito?

Mi plato favorito es el arroz con pollo de mi abuela.

¿Cómo se prepara?

Primero, se corta el pollo...

▶ **Escribe** la receta de tu compañero(a).

La receta del arroz con pollo de mi abuela

Primero, se corta el pollo. Después, se fríe con poco aceite.

19 Anuncios

▶ **Habla** con tu compañero(a). Creen anuncios para el periódico local usando los indefinidos y el pronombre se impersonal. Escríbanlos y compártanlos con el resto de la clase. ¡Sean creativos!

Modelo

> Se necesitan algunos carpinteros para construir una casa en un árbol.

> Se buscan varios jardineros para...

Nombre: ....   **Fecha:** ....

20 Tareas domésticas

▶ **Escucha** la conversación de Mariana con sus hijos y relaciona cada objeto o producto con la persona que lo necesita.

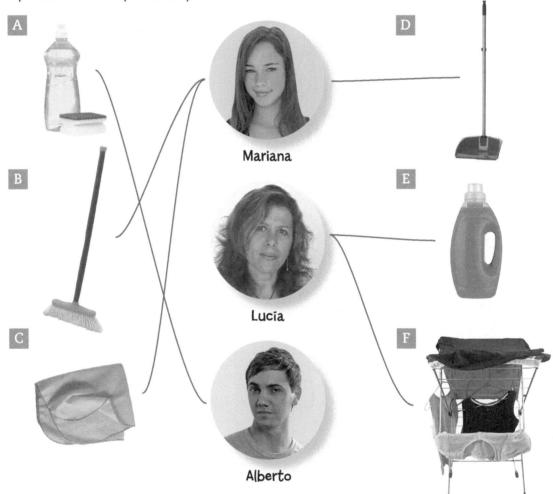

A

D

B

E

Mariana

C

Lucía

F

Alberto

21 Antes del cumpleaños de Cecilia

▶ **Escucha** a Tomás. ¿Qué había hecho cada persona cuando empezó la fiesta? Completa las oraciones usando el pluscuamperfecto.

Cuando empezó la fiesta...

1. la madre de Cecilia ya _había planchado el vestido de su hija_ .

2. el jardinero ya _había terminado de arreglar el jardín_ .

3. el padre y el tío de Cecilia ya _habían lavado y secado los platos_ .

4. el hermano de Cecilia ya _había colgado los adornos_ .

22 **En la tienda de muebles**

▶ **Escucha** los diálogos y relaciónalos con las imágenes. Luego, escribe debajo de cada dibujo los objetos que se nombran con los demostrativos correspondientes.

esas lámparas y este espejo

aquel sofá y aquel espejo

ese sofá y estas lámparas

este sofá y aquel espejo

23 **Buenos amigos**

▶ **Escucha** y relaciona cada persona con un dibujo. Luego, escribe el nombre de la profesión de cada uno.

1. Omar

2. Iñaki

3. Pablo

4. Ramón

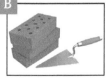

1-B: albañil.

2-D: pintor.

3-C: electricista.

4-A: jardinero.

Nombre: ....   **Fecha:** ....

24 Arreglando el salón

▶ **Habla** con tu compañero(a) sobre las tareas que deben hacer para arreglar el salón de clase, los objetos que necesitan y las personas que pueden ayudarlos. Completa la tabla y úsala como guía.

Modelo

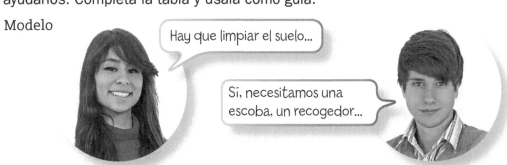

Hay que limpiar el suelo...

Sí, necesitamos una escoba, un recogedor...

TAREA	OBJETOS	AYUDA
• Barrer el suelo.	• Una escoba, un recogedor...	

25 Recuerdos

▶ **Habla** con tu compañero(a) sobre las cosas que ya habías hecho cuando cumpliste quince años. Escribe por lo menos tres oraciones y compártelas con otros(as) compañeros(as).

Modelo

Cuando cumplí quince años, ya había viajado a México varias veces.

_____

_____

_____

_____

_____

Español Santillana. Speaking and Listening Workbook. Unidad 3

63

▶ **Habla** con tu compañero(a). Imagina que están en una tienda de objetos para el hogar. Digan qué objetos van a comprar y descríbanlos. Identifíquense con las figuras del dibujo y usen los demostrativos.

27 **Una habitación ordenada**

▶ **Habla** con tu compañero(a). ¿Qué tareas habían hecho y cuáles no cuando salieron ayer para la escuela? Digan también si otra persona había hecho ya esas tareas. Usen las tareas del recuadro.

Modelo

Yo no había hecho mi cama cuando salí para la escuela.

Yo tampoco, pero mi hermano había hecho su cama y la mía cuando salí de casa.

hacer la cama	ordenar los libros	preparar el desayuno
recoger la ropa	lavar los platos	recoger los platos de la mesa
lavar la ropa	secar los platos	sacar la basura

Nombre: _____   **Fecha:** _____

28 **¡Nos cambiamos de casa!**

▶ **Escucha** la conversación y escribe. ¿Dónde guardan Martín y Elena estos objetos?

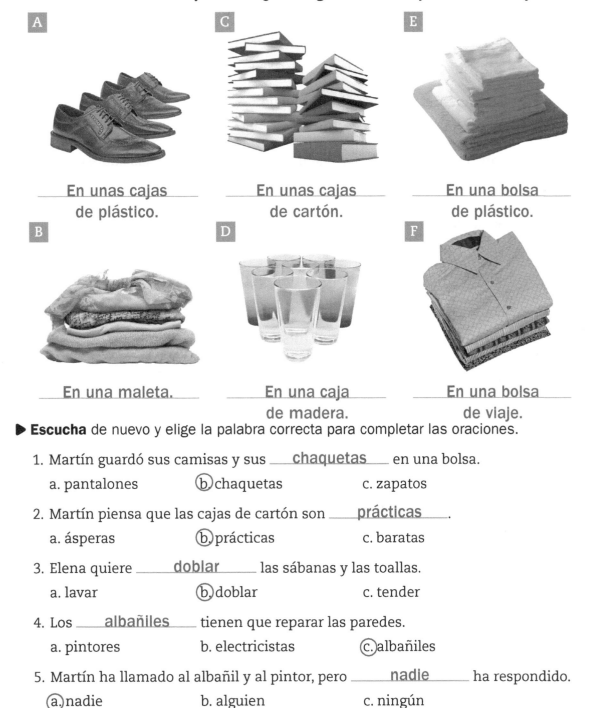

A
_____En unas cajas_____
de plástico.

C
_____En unas cajas_____
de cartón.

E
_____En una bolsa_____
de plástico.

B
_____En una maleta._____

D
_____En una caja_____
de madera.

F
_____En una bolsa_____
de viaje.

▶ **Escucha** de nuevo y elige la palabra correcta para completar las oraciones.

1. Martín guardó sus camisas y sus ___chaquetas___ en una bolsa.
   a. pantalones   b. chaquetas   c. zapatos

2. Martín piensa que las cajas de cartón son ___prácticas___.
   a. ásperas   b. prácticas   c. baratas

3. Elena quiere ___doblar___ las sábanas y las toallas.
   a. lavar   b. doblar   c. tender

4. Los ___albañiles___ tienen que reparar las paredes.
   a. pintores   b. electricistas   c. albañiles

5. Martín ha llamado al albañil y al pintor, pero ___nadie___ ha respondido.
   a. nadie   b. alguien   c. ningún

6. Los vasos de ___cristal___ se pueden guardar en las cajas de madera.
   a. plástico   b. cristal   c. metal

29 **En la casa nueva**

▶ **Escucha** a Martín y a Elena. Indica si las siguientes afirmaciones son ciertas (C) o falsas (F) y corrige las falsas.

1. A Elena le duelen las manos porque ha transportado muchas cajas.   C   (F)

   A Elena le duelen las manos porque ha abierto muchas cajas.

2. Elena quiere colgar los cuadros en el dormitorio.   C   (F)

   Martín quiere colgar los cuadros en la sala.

3. El jardinero ha hecho un buen trabajo.   C   (F)

   El albañil ha hecho un buen trabajo.

4. Martín siempre se ha encargado del jardín en casa de sus padres.   (C)   F

▶ **Escucha** otra vez y responde con oraciones completas.

1. ¿Por qué está contenta Elena?

   Elena está contenta porque han podido reparar las paredes.

2. ¿Por qué Martín no quiere llamar al jardinero?

   Porque prefiere arreglar él mismo el jardín.

3. ¿Qué tareas domésticas tienen que hacer Martín y Elena?

   Tienen que sacar la basura, limpiar el polvo, barrer y fregar el suelo.

4. ¿Qué objetos de limpieza necesitan?

   Tienen que comprar una escoba, un recogedor, un trapeador y un cubo.

30 **¿Cómo están las cosas?**

▶ **Escucha** los minidiálogos y escribe cómo están las cosas mencionadas. Usa el participio de los verbos del recuadro.

abrir	escribir	poner	reparar	romper

1. Las cajas están __abiertas__ .

2. Las paredes están __reparadas__ .

3. La lavadora __está puesta__ .

4. La nota __está escrita__ .

5. El lavaplatos __está roto__ .

Nombre: ....   **Fecha:** ....

31 ¿Qué quieres comprar?

▶ **Habla** con tu compañero(a). ¿Qué ropa se pondrían (*would you wear*) en estas ocasiones? ¿Qué opinas de la ropa que eligió él/ella?

Modelo

Para la fiesta yo quiero ponerme un vestido largo de terciopelo azul y unos zapatos de tacón alto.

Yo prefiero un pantalón negro, una blusa brillante y unos zapatos planos.

 A

 B

 C

32 Se puede, se debe, se necesita

▶ **Habla** con tu compañero(a) sobre las siguientes cuestiones.

Modelo

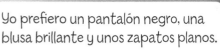

Con un dólar se puede comprar un helado.

Sí, también se puede comprar una flor.

A ¿Qué cosas se pueden comprar con un dólar?

C ¿Qué ropa se debe llevar para ir a la Antártida?

E ¿Qué objetos y qué productos se necesitan para limpiar toda la casa?

B ¿Qué cosas se pueden comprar con cien dólares?

D ¿Qué ropa se debe llevar para ir a París en primavera?

F ¿Qué objetos se necesitan para amueblar y adornar un dormitorio?

33 **Mis tareas domésticas**

▶ **Habla** con tu compañero(a). Piensen en el fin de semana pasado y comenten: ¿qué tareas domésticas habían hecho ya el domingo por la tarde y qué objetos necesitaron para hacerlas? Usen las tareas de las imágenes.

Modelo

El domingo por la tarde yo ya había lavado y doblado mi ropa.

Yo ya había limpiado el suelo de mi habitación.

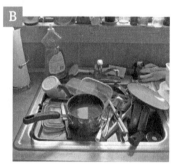

34 **Yo no sé nada de...**

▶ **Habla** con tu compañero(a). Por turnos, digan oraciones relacionadas con estos temas. Usen indefinidos, participios y construcciones impersonales.

Modelo

Yo no tengo muchos conocimientos de Geografía.

Yo no sé nada sobre política.

Algún tema o materia desconocidos.	Algunos objetos necesarios en tu salón de clase.	Cualquier persona que quieras conocer.	El último libro leído o la última canción escuchada.
Algún lugar que se debe visitar.	Se puede hacer durante el fin de semana.	Se debe hacer cada día.	Un traje regional o alguna ropa típica.

Nombre: _____   Fecha: _____

LA ALIMENTACIÓN Y LA SALUD

1 **Un alimento nutritivo**

▶ **Escucha** la información e indica si las siguientes afirmaciones son ciertas (C) o falsas (F). Luego, corrige las afirmaciones falsas.

1. La quinua es un cereal típico de España.   C Ⓕ

   La quinua es un cereal típico de la región de los Andes.

2. La quinua no es un alimento recomendable.   C Ⓕ

   La quinua es un alimento muy completo y nutritivo.

3. Se pueden preparar diversas recetas con la quinua.   Ⓒ F

   _____

4. Los granos de quinua no se pueden comer.   C Ⓕ

   Los granos de quinua se pueden comer cocidos o tostados.

5. Hay bebidas y postres elaborados con quinua.   Ⓒ F

   _____

6. La salsa de quinua se prepara con agua y azúcar.   C Ⓕ

   La salsa de quinua se prepara con agua, leche, chile y sal.

▶ **Escucha** otra vez y completa la lista de ingredientes de la salsa de quinua. Luego, escribe los pasos de la receta.

Salsa de quinua

Ingredientes

1/2 taza de _quinua_

2 tazas de _agua_

1 taza de _leche_

1/2 _chile_

sal al gusto.

Preparación

Primero, se lava la quinua. Después, se cuece a fuego lento.

Cuando los granos se abren, se mezclan con la leche, el chile

y la sal.

2 **Cecilia va al mercado**

▶ **Escucha** y completa el poema con las sílabas que faltan. Todas tienen el sonido K o el sonido Z / S. Luego, lee estos versos en voz alta y comprueba tu pronunciación.

Ce _ci_ lia _quie_ re _co_ mer ligero,

con po _ca_ sal y mucho romero.

Hoy de su _ca_ sa salió al mer _ca_ do,

a _com_ prar frutas y un buen pes _ca_ do.

También en su _ces_ ta puso espina _cas_ ,

un _que_ so fres _co_ y algunas papas.

¡ _Cuán_ tas _co_ sas por _quin_ ce pesetas

se lleva _Ce_ cilia en su bici _cle_ ta!

3 **Con *c* o con *qu***

▶ **Escucha** y repite. Luego, escribe cada palabra en la columna correspondiente y añade un ejemplo más en cada columna.

CE	QUE	CI	QUI
cerebro cepillo cereza cacerola	queso querer quemar parque	cielo cine circo cocina	Química quitar quiosco mantequilla

4 **Tu rima**

▶ **Elige** algunas palabras de esta página y crea tu propia rima. Escribe al menos cuatro versos. Luego, recítalos delante de la clase. Si es posible, grábate y escucha tu pronunciación para mejorarla.

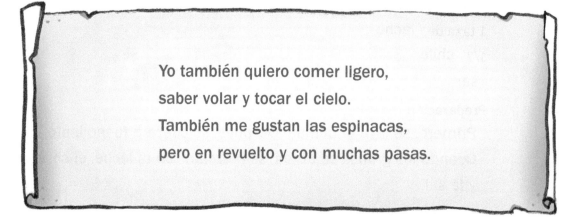

Yo también quiero comer ligero,

saber volar y tocar el cielo.

También me gustan las espinacas,

pero en revuelto y con muchas pasas.

Nombre: .... Fecha: ....

5 **Año nuevo, vida nueva**

▶ **Escucha** a Jimena y elige la palabra correcta para cada oración.

1. Jimena quiere seguir una dieta más sana y _____ **nutritiva** _____.

   a. nutritiva   b. grasosa   c. salada

2. Ella quiere reducir las _____ **calorías** _____ de sus comidas.

   a. verduras   b. calorías   c. vitaminas

3. Jimena tratará de comer más _____ **pescado** _____.

   a. carne roja   b. pescado   c. hamburguesas

4. La comida _____ **basura** _____ tiene mucha grasa.

   a. hortaliza   b. saludable   c. basura

5. Jimena tomará ocho vasos de _____ **agua** _____ al día.

   a. jugo   b. refresco   c. agua

6 **¿Qué preparamos?**

▶ **Escucha** la conversación y completa los mandatos, afirmativos o negativos, de acuerdo con el diálogo.

1

LUCÍA: _____ **Preparemos** _____ algo de comer.

SANDRA: ¡Qué buena idea! _____ **Hagamos** _____ una ensalada.

2

LUCÍA: Mejor _____ **cocinemos** _____ un pastel.

SANDRA: Ay, un pastel no, que tiene muchas calorías.

3

LUCÍA: ¿Prefieres que hagamos una ensalada de frutas?

SANDRA: ¡Sí! _____ **Preparemos** _____ una ensalada de frutas.

4

SANDRA: Voy al supermercado a comprar las frutas.

LUCÍA: ¡ _____ **No vayas** _____ al supermercado! Tengo en casa naranjas, manzanas, peras…

5

SANDRA: ¡ _____ **No empieces** _____ a preparar la ensalada sin mí! Voy corriendo para allá.

LUCÍA: Vale, aquí te espero.

Español Santillana. Speaking and Listening Workbook. Unidad 4

71

7 **Una alimentación saludable**

▶ **Escucha** el diálogo entre Silvia y Santiago. ¿Qué alimentos deben comer y qué alimentos deben evitar? Marca con ✓ los primeros y con ✗ los segundos.

▶ **Escucha** de nuevo y completa estas recomendaciones con los verbos del recuadro. Usa el imperativo afirmativo o negativo en la forma *nosotros(as)*.

1. ___Eliminemos___ la comida basura y los alimentos fritos.

2. ___No compremos___ refrescos ni jugos con azúcar.

3. ___Comamos___ fruta entre horas.

4. ___Sustituyamos___ la mantequilla por aceite de oliva.

5. ___Cocinemos___ platos ligeros y sin grasa.

6. ___Pongamos___ poca sal en la comida.

7. ___Consumamos___ verduras y hortalizas a diario.

> *cocinar*
> *comer*
> *comprar*
> *consumir*
> *eliminar*
> *poner*
> *sustituir*

8 **La familia de Lina**

▶ **Escucha** el relato de Lina y responde a las preguntas.

1. ¿Qué le sucedió al papá de Lina cuando cumplió sesenta y ocho años?

   Se puso muy enfermo.

2. ¿Qué hizo el papá de Lina siguiendo las recomendaciones del doctor?

   Se hizo vegetariano.

3. ¿Qué le pasó al resto de la familia de Lina?

   Empezó a comer más sano.

4. ¿Qué consecuencias tuvieron los cambios en la alimentación de toda la familia?

   Se convirtieron en una familia mucho más saludable.

Nombre: ....   **Fecha:** ....

9 Por la mañana y por la noche

▶ **Habla** con tu compañero(a). ¿Qué comen en los diferentes momentos del día? ¿Mantienen una alimentación saludable y nutritiva? ¿Cuántas comidas hacen al día?

Modelo

> Yo desayuno jugo de naranja y un sándwich.

> Yo prefiero comer frutas porque tienen muchas vitaminas.

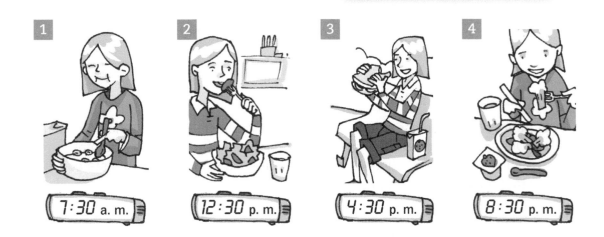

10 Cambios en los famosos

▶ **Habla** con tu compañero(a) sobre tus estrellas de cine, deportistas o cantantes favoritos. Por turnos, digan oraciones usando los verbos de cambio y los adjetivos o nombres del recuadro.

Modelo

> Julieta Venegas se puso muy contenta cuando ganó el premio a la mejor artista del año.

Verbos de cambio	
se puso	se hizo
se quedó	se volvió
se convirtió	

Adjetivos y nombres		
triste	gordo(a)	vegetariano(a)
feliz	loco(a)	delgado(a)
rojo(a)	dormido(a)	el/la primero(a)
el/la mejor	una estrella	el/la más rápido(a)

Especialistas en nutrición

▶ **Habla** con tu compañero(a). ¿Qué comida corresponde a cada uno de estos tipos de dieta? ¿Son dietas equilibradas y saludables?

Modelo

> Para seguir una dieta vegetariana debemos comer verduras y hortalizas diariamente...

> dieta vegetariana

> dieta para aumentar de peso

> dieta para bajar de peso

12 **¿Rutinas saludables?**

▶ **Habla** con tu compañero(a). Lee el texto e identifica los problemas de Laura. ¿Qué debe y qué no debe hacer Laura para tener un estilo de vida más saludable? Escriban algunos consejos para ella y compartan su lista con otros(as) compañeros(as).

Modelo

> Laura, no comas tres huevos fritos. Come solo uno.

> No debes freír los huevos. Cómetelos cocidos.

El estilo de vida de Laura

Todas las mañanas Laura se levanta y se sienta a tomar su desayuno favorito: tres huevos fritos, cuatro tostadas, tres tazas de café y una barra de chocolate. Luego mira la televisión durante cuatro horas.

Como no le gusta cocinar, llama al restaurante y pide el almuerzo: una hamburguesa, papas fritas y tres refrescos.

Por la tarde, duerme una siesta larga. Cuando se levanta, a veces se va al cine a ver una película. El cine no está lejos de su casa, pero Laura prefiere tomar el autobús.

Por la noche, escribe correos electrónicos a sus amigos y ve la televisión. Luego cena y se acuesta muy tarde.

Nombre: ....   **Fecha:** ....

13 ¿Qué necesitan?

▶ **Escucha** y escribe debajo de cada objeto el nombre de la persona que lo necesita. Luego, escribe los nombres de los objetos.

A

Alina

C

Carlos

E

Juan

B

Javier

D

Patricia

A. cortaúñas

B. hilo dental

C. maquinilla de afeitar

D. gorro de ducha

E. crema solar

14 Una chica sana

▶ **Escucha** la descripción de los hábitos de Rebeca e indica si estas afirmaciones son ciertas (C) o falsas (F). Luego, corrige las afirmaciones falsas.

1. Rebeca va al gimnasio por las mañanas y nada durante una hora.   C   Ⓕ

   Rebeca va al gimnasio por las mañanas y hace ejercicios aeróbicos.

2. Rebeca nunca olvida estirar los músculos antes de hacer ejercicio.   Ⓒ   F

   _____

3. Rebeca cuida su alimentación porque quiere bajar de peso.   C   Ⓕ

   Rebeca cuida su alimentación porque no quiere aumentar ni bajar de peso.

4. Por la mañana, Rebeca practica yoga y pilates.   C   Ⓕ

   Por las tardes, Rebeca hace ejercicios de relajación y practica yoga.

▶ **Escucha** otra vez y completa las oraciones.

1. Rebeca dice que es bueno comenzar el día haciendo ejercicio.

2. Rebeca cree que es preciso cuidar la dieta.

3. Para Rebeca es necesario relajarse y descansar bien.

15 **Una caminata por la playa**

▶ **Escucha** a Violeta y completa las oraciones con *por* o *para*.

1. ___Para___ Violeta es fundamental hacer ejercicio.

2. ___Por___ la mañana, ella siempre sale
   a correr ___por___ la playa.

3. Violeta se asegura de llevar la crema
   solar ___para___ proteger su piel del sol.

4. Violeta y su tío Luis van a caminar juntos
   dos veces ___por___ semana.

5. Luis pasa ___por___ la casa de Violeta
   a las 7 de la mañana.

6. Luis trabaja ___para___ una compañía
   muy importante y tiene mucho estrés,
   así que hace ejercicio cada día ___para___
   relajarse y estar en forma.

8. Hacer ejercicio es importante ___para___ tener un día productivo.

16 **Luisa va al gimnasio**

▶ **Escucha** el diálogo y elige las respuestas correctas.

1. A Luisa le interesa cuidarse y ___bajar___ de peso.

   a. aumentar   (b.) bajar   c. no cambiar

2. Luisa debe hablar con la especialista en ___nutrición___.

   a. yoga   (b.) nutrición   c. ejercicios aeróbicos

3. Por la tarde, Luisa puede asistir a clase de ___pilates___.

   a. ejercicios aeróbicos   (b.) pilates   c. relajación

4. También hay clases ___en la piscina___ durante todo el día.

   a. de relajación   b. de nutrición   (c.) en la piscina

5. Para Luisa es importante poder ___asistir a clases diferentes___.

   (a.) asistir a clases diferentes   b. ir todos los días   c. inscribirse en el gimnasio

6. Si Luisa lo necesita, también puede ___darse un masaje___.

   a. ver a la doctora   (b.) darse un masaje   c. llamar a un monitor

Nombre: ....   **Fecha:** ....

17 Es aconsejable

▶ **Habla** con tu compañero(a) sobre las imágenes. ¿Qué crees que debe hacer cada persona? Usa expresiones de valoración.

Modelo

> Martín y Rosalía están entrenando para una carrera.

> Sí, **es aconsejable que** estiren bien los músculos antes de hacer ejercicio.

A

Martín y Rosalía

B

Daniela

C

Mauricio

18 Productos de higiene

▶ **Habla** con tu compañero(a) sobre los siguientes productos de higiene. ¿Cuándo los usas? ¿Cuáles son más importantes? ¿Por qué? Utilicen *por* y *para*.

Modelo

> Yo utilizo el gorro de ducha todos los días. Para mí es muy útil porque así puedo ducharme sin mojarme el pelo.

A

C

E

G

B

D

F

H

Español Santillana. Speaking and Listening Workbook. Unidad 4

77

ANSWERS WILL VARY

19 ¿Por o para?

▶ **Habla** con tu compañero(a). ¿Qué expresiones pueden usar en estas situaciones? Escriban un ejemplo para cada caso y representen pequeños diálogos utilizándolos.

Modelo

Teresa, ¿por qué haces ejercicio cada día?

Hago ejercicio para mantenerme en forma. Y tú, Carlos, ¿haces ejercicio?

1. Para explicar un motivo o razón.

_____

2. Para decir que alguien realiza una acción en nombre de otra persona.

_____

3. Para hablar del modo de comunicación o transporte utilizado para algo.

_____

4. Para dar una dirección.

_____

20 ¡Opina!

ANSWERS WILL VARY

▶ **Habla** con tu compañero(a) sobre estas noticias. ¿Qué opinan? Usen expresiones de valoración y las preposiciones *por* y *para*.

Modelo

Me parece muy importante que el distrito escolar se preocupe por la salud de los estudiantes.

Es aconsejable que todas las escuelas sigan el ejemplo de La Misión.

Escuela La Misión
Noticiario

Se informa de que, por orden del distrito escolar, todos los estudiantes deberán realizar, al menos, dos horas por semana de actividades deportivas, además de sus clases de Educación Física. Deben inscribirse en el gimnasio de la escuela antes del viernes de la próxima semana.

Escuela Piedemonte Boletín informativo

Se informa a los estudiantes de que, por reducción en el presupuesto de la escuela, queda suspendido el servicio de restaurante a partir de hoy. Este será sustituido por máquinas de sándwiches, caramelos y refrescos, ubicadas en el edificio principal.

Nombre: ....   **Fecha:** ....

21 Clase sobre el cuerpo humano

▶ **Escucha** a la profesora e identifica las partes del cuerpo que menciona.

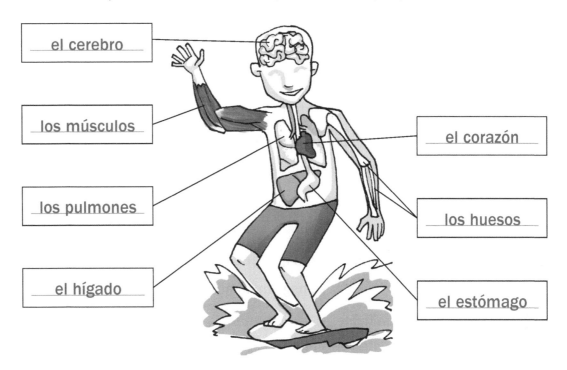

el cerebro

los músculos

los pulmones

el hígado

el corazón

los huesos

el estómago

▶ **Escucha** de nuevo y completa las oraciones.

1. El corazón hace posible que la _____sangre_____ circule por todo el cuerpo.

2. Los huesos forman el _____esqueleto_____ del cuerpo.

3. El cerebro procesa la información recibida a través de los _____sentidos_____.

22 La consulta de la doctora Ruiz

▶ **Escucha** los diálogos y completa las oraciones con el condicional apropiado.

1. Si no le bajara la fiebre, el enfermo _____debería_____ ir a la consulta de la doctora.

2. Si Antonia se tomara todas las píldoras, su tratamiento _____terminaría_____ el mes próximo.

3. A Manuel le _____harían_____ una radiografía si no se le quitara el dolor.

4. Si la herida del niño fuera muy profunda, la doctora _____tendría_____ que darle puntos para cerrarla.

23 **Pedro se siente mal**

▶ **Escucha** el diálogo y elige la opción correcta para completar las oraciones.

1. Pedro se siente mal y tiene _____ escalofríos _____.

   a. mareo   b. calor   c. escalofríos

2. A Pedro le duelen la garganta, la cabeza y _____ los músculos _____.

   a. los músculos   b. el estómago   c. los huesos

3. Pedro tiene _____ síntomas _____ propios de un catarro fuerte.

   a. análisis   b. síntomas   c. diagnósticos

4. El doctor le pide a la enfermera que le tome _____ la temperatura _____ a Pedro.

   a. el pulso   b. un análisis   c. la temperatura

5. Pedro tiene _____ fiebre _____.

   a. una herida   b. fiebre   c. la pierna hinchada

6. El doctor le recomienda a Pedro que beba muchos líquidos.

   a. vaya a trabajar b. se haga un análisis c. beba muchos líquidos

7. Si Pedro no tuviera fiebre, _____ podría _____ ir a trabajar al día siguiente.

   a. tendría   b. puede   c. podría

8. El doctor le receta a Pedro _____ unas píldoras _____.

   a. un antibiótico   b. un jarabe   c. unas píldoras

24 **Tengo que ir al médico**

▶ **Escucha** el diálogo entre Sara y Carolina. Luego, responde a las siguientes preguntas con oraciones completas.

1. ¿Qué le pasa a Carolina?

   No se siente bien.

2. ¿Con qué frecuencia debería ir Carolina al médico? ¿Para qué?

   Debería ir al médico una vez al año para hacerse una revisión general.

3. ¿Qué le aconseja Sara a Carolina?

   Le aconseja que se acueste y descanse.

4. ¿Qué haría Sara si fuera Carolina?

   Llamaría al médico para pedir una cita.

Nombre: _____   **Fecha:** _____

25 **¿Cuál es su diagnóstico?**

▶ **Representa** con tu compañero(a) una conversación entre un(a) médico(a) y su paciente. El/la médico(a) debe escribir los síntomas que tiene el/la paciente y su diagnóstico. Luego, cambien de papel.

Modelo

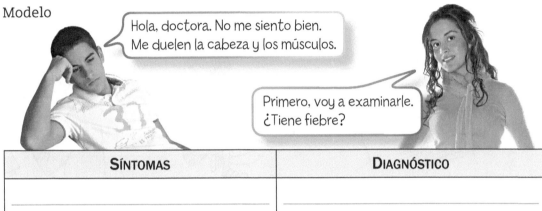

Hola, doctora. No me siento bien. Me duelen la cabeza y los músculos.

Primero, voy a examinarle. ¿Tiene fiebre?

SÍNTOMAS	DIAGNÓSTICO

26 **¿Qué le duele?**

▶ **Habla** con tu compañero(a). ¿Qué le pasa a cada una de estas personas? ¿A qué especialista le recomendarían ir?

Modelo

Él tiene la pierna muy hinchada. Yo le recomendaría ir a ver a un traumatólogo, que es el médico especialista de los huesos.

A    **B**    **C**    **D**

27 ¿Qué harías?

▶ **Habla** con tu compañero(a). ¿Cómo se sentirían y qué harían en estas situaciones?

Modelo

> Si me saliera bien el examen, estaría muy contento.

> Yo iría corriendo a contárselo a mis padres.

28 Te aconsejo...

▶ **Habla** con un compañero(a) sobre el estilo de vida que desean o prefieren. Intercambien consejos y recomendaciones. Usen los verbos *aconsejar*, *recomendar*, *sugerir*, *deber* y el condicional.

Modelo

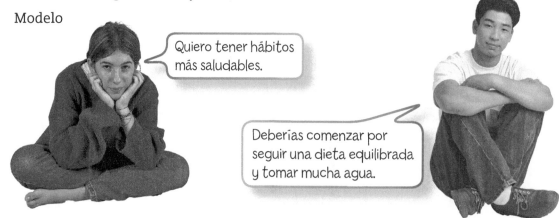

> Quiero tener hábitos más saludables.

> Deberías comenzar por seguir una dieta equilibrada y tomar mucha agua.

Nombre: .... Fecha: ....

29 Una entrevista

▶ **Escucha** la entrevista e indica si las siguientes afirmaciones son ciertas (C) o falsas (F).

1. Natalia Caballero es la directora de la escuela.   C (F)
2. Una alimentación saludable es esencial para tener una vida sana.   (C) F
3. Los estudiantes deben evitar tomar jugos con azúcar.   (C) F
4. La doctora recomienda descansar y no hacer ejercicio.   C (F)
5. Según la doctora, es necesario ir al médico tres veces al año.   C (F)

▶ **Escucha** de nuevo la entrevista y completa la tabla escribiendo mandatos afirmativos o negativos.

HÁBITOS SALUDABLES	HÁBITOS NO SALUDABLES
Sigan una alimentación saludable.	No coman comida basura.
Coman frutas y verduras.	Reduzcan el consumo de grasa.
Coman legumbres.	Coman menos carne roja.
Coman más carne blanca	No coman dulces.
o pescado.	No tomen refrescos.
Beban agua mineral.	No duerman poco.
Hagan ejercicio.	
Descansen bien.	

ANSWERS WILL VARY

▶ **Escribe** tu opinión sobre los consejos de la doctora. ¿Cuáles de estos consejos sigues y cuáles te gustaría seguir?

Yo como legumbres todas las semanas y bebo bastante agua,
pero debería comer más pescado y hacer más ejercicio.

30 **¿Es un consejo?**

▶ **Escucha** las oraciones e indica si son un mandato, un consejo o una valoración.

	MANDATO	CONSEJO	VALORACIÓN
1.	✓		
2.			✓
3.		✓	
4.		✓	
5.	✓		
6.			✓
7.			✓
8.	✓		
9.			✓
10.		✓	

▶ **Escribe** dos ejemplos más para cada categoría.

Mandato	1. No bebas tantos refrescos.
	2.

Consejo	1. Deberías hacer más ejercicio.
	2.

Valoración	1. Es importante beber agua.
	2.

31 **Yo en tu lugar...**

▶ **Escucha** los diálogos y escribe qué harías tú en cada caso.

1. Yo en el lugar de Felipe _iría al médico_ .

2. Yo que Alberto _no tomaría pastel_ .

3. Si yo fuera Carolina, _iría al oculista_ .

4. Yo en el lugar de Paloma _hablaría con César_ .

5. Yo que Julio _le compraría un libro a Marta_ .

6. Si yo fuera Elvira, _me iría a la playa_ .

Nombre: _____ **Fecha:** _____

32 La historia de Mónica

▶ **Inventa** con tu compañero(a) una historia tomando las imágenes como guía. Usen verbos de cambio (*ponerse*, *quedarse*, *volverse*, *hacerse*, *convertirse*) y expresiones con *por* y *para*. Luego, cuenten su historia a la clase.

Modelo

> Mónica no tenía una alimentación saludable. ¡Y comía muchísimo!

> Sí, para el almuerzo, tomaba siempre comida basura y alimentos fritos. ¡Y les ponía mucha sal!

33 ¿Qué le pasó a Roberto?

▶ **Habla** con tu compañero(a). Respondan a las preguntas sobre la imagen.

Modelo

> Yo creo que Roberto iba montado en su bicicleta, se puso nervioso y tuvo un accidente...

1. ¿Qué le ha pasado a Roberto? ¿Por qué tiene el labio tan hinchado y tan rojo?
2. ¿Qué partes del cuerpo le duelen?
3. ¿Qué pruebas crees que le han hecho?
4. ¿Qué consejos le darías?
5. ¿Qué harían ustedes si estuvieran en su lugar?

34 **Por una vida sana**

ANSWERS WILL VARY

▶ **Habla** con tu compañero(a). ¿Qué hábitos deben seguir para tener buena salud? Luego, escriban algunos consejos fundamentales y compartan su lista con el resto de la clase.

Modelo

> Es aconsejable tener una alimentación saludable y nutritiva.

> Yo considero que hacer ejercicio es también muy importante.

A

D

G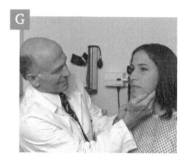

B

E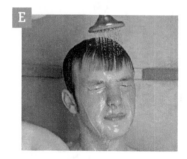

H

C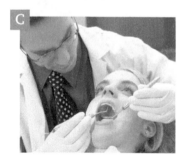

F

I

Consejos para tener buena salud

_____

_____

_____

_____

_____

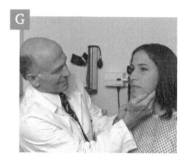

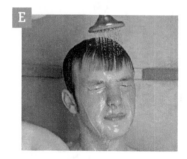

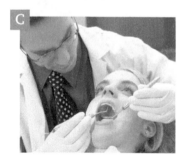

Nombre: .... Fecha: ....

EL TRABAJO Y LAS PROFESIONES

1 **Un cultivador de café**

▶ **Escucha** la descripción del trabajo de Eduardo Alzate y ordena las imágenes. Luego, escribe una oración para explicar cada fotografía.

2

Está recogiendo la
cosecha de café.

3

Está secando los
granos de café.

1

Está sembrando las
plantas de café.

2 **Por un mundo mejor**

▶ **Escucha** la descripción de las ONG y completa la tabla.

ORGANIZACIÓN	Colombianitos.	Promujer.	Fundación Elemental.
TAREAS	Ofrecer educación y otras actividades a niños de zonas afectadas por la violencia.	Ofrecer educación empresarial y servicios médicos a mujeres pobres.	Diseñar y construir casas para familias pobres.
PAÍSES	Colombia.	Argentina, Bolivia, Perú, Nicaragua y México.	Chile.

Español Santillana. Speaking and Listening Workbook. Unidad 5

87

3 El sonido Y

▶ **Escucha** y repite las palabras. Escucha otra vez y escribe cada palabra debajo de su imagen.

A — reyes

B — yogur

C — payaso

D — maracuyá

4 El sonido CH

▶ **Escucha** y relaciona las oraciones con los dibujos. Escribe cada palabra debajo de su imagen. ¡Todas llevan *ch*!

5 — plancha

3 — chaqueta

2 — cuchara

1 — mochila

8 — chimenea

6 — lechuga

4 — chocolate

7 — cheque

5 Las vacaciones de Yolanda

▶ **Lee** el texto en voz alta. Luego, escúchalo y comprueba tu pronunciación.

Me llamo Yolanda, vivo en Barbate
y ayer llegué a la playa en mi yate.
Hoy quema el sol a la orilla del mar,
pero tengo sombrilla y protector solar.
De día visitaré ciudades bellas
y por la noche miraré las estrellas.

Nombre: _____   **Fecha:** _____

6 **¡Qué profesionales!**

▶ **Escucha** e identifica a los profesionales de las imágenes. Luego, escribe el nombre y la profesión de cada uno debajo de su fotografía.

___3. Mariana.___
___Jueza.___

___4. Antonio.___
___Traductor.___

___1. Alicia.___
___Contadora.___

___2. Augusto.___
___Periodista.___

▶ **Escribe** las tareas de cada uno de estos profesionales.

1. ___Se encarga de la economía de la empresa.___

2. ___Cuenta lo que pasa en el mundo.___

3. ___Decide si las personas son culpables o no.___

4. ___Traduce de un idioma a otro.___

7 **Buscando empleo**

▶ **Escucha** los diálogos y completa las oraciones con las expresiones de certeza o de duda correspondientes.

1. Arturo ___duda___ que ese trabajo sea para él.

2. Adriana ___está convencida___ de que van a contratarla.

3. ___Es posible___ que Julio consiga el empleo.

4. Sergio ___no está seguro___ de que el salario sea tan bueno como dicen.

5. José ___sabe___ que Cristina puede hacer el trabajo.

Español Santillana. Speaking and Listening Workbook. Unidad 5

89

8 **Luis quiere ser...**

▶ **Escucha** a Luis e indica si las siguientes afirmaciones son ciertas (C) o falsas (F).

1. El papá de Luis es abogado.   Ⓒ   F
2. La mamá de Luis prefiere que él sea comerciante.   C   Ⓕ
3. El abuelo Mateo es contador.   C   Ⓕ
4. La mamá de Luis compra y vende mercancías.   C   Ⓕ
5. Los profesores quieren que Luis sea periodista.   C   Ⓕ
6. Luis no está seguro de lo que quiere hacer en el futuro.   C   Ⓕ
7. Luis quiere apagar incendios y salvar vidas.   Ⓒ   F

▶ **Escucha** de nuevo y completa las oraciones.

1. El papá de Luis quiere que él _sea abogado_.
2. La mamá de Luis prefiere que él _sea científico_.
3. El abuelo Mateo quiere que Luis _sea contador_.
4. Sus amigos quieren que _sea periodista_.
5. Luis quiere _ser bombero_.

9 **¡Cuántos mensajes!**

▶ **Escucha** los mensajes del buzón de Ana y completa las oraciones con el imperfecto de subjuntivo en la forma correcta.

1. Su hermana le dijo que no _olvidara_ limpiar su cuarto.
2. Su mamá le aconsejó que _sacara_ la basura primero y _limpiara_ la cocina después.
3. Su abuelo le recordó que _llamara_ a su abuela.
4. Su tía le dijo que _fuera_ a visitarla el domingo.
5. Jorge le dijo que no _trabajara_ tanto y que lo _llamara_.
6. La profesora le aconsejó que _escribiera_ dos páginas más.
7. Patricia le aconsejó que _comiera_ algo antes de salir de casa.
8. Pedro le pidió que lo _ayudara_ a preparar el examen de Matemáticas.

90

Nombre: ....   Fecha: ....

10 Profesiones

▶ **Habla** con tu compañero(a) sobre las profesiones de las fotografías. Usen las siguientes preguntas como guía.

1. ¿Á qué se dedican estas personas?
2. ¿En qué consiste su trabajo? ¿Qué características tiene su profesión?
3. ¿Conoces a personas que tengan estas profesiones?

Modelo

El hombre de la fotografía A es un banquero. Dirige un banco. Un banquero trabaja muchas horas...

A

D

G

B

E

H

C

F

I

▶ **Habla** con tu compañero(a). ¿Qué profesiones tienen tus padres? ¿Qué profesión te gustaría tener en el futuro? ¿Por qué?

11

Es posible

▶ **Habla** con tu compañero(a). Cada uno(a) debe decir una oración de certeza y otra de duda para cada situación de las imágenes. Usen expresiones diferentes.

Modelo

Es evidente que el chico está muy triste.

Es probable que tenga que estudiar más.

A

C

E

B
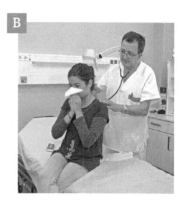

D

F

12

Aprendiz de científico

▶ **Habla** con tu compañero(a). Imaginen que Mauricio estuvo en el laboratorio ayudando a un científico, pero cometió varios errores. Por turnos, digan qué le dijo el científico en cada situación.

Modelo *Mauricio no se puso ropa apropiada*
para hacer el experimento.

El científico le dijo que se pusiera ropa apropiada.

1. Mauricio llegó tarde al laboratorio.
2. Dejó la ventana abierta.
3. No limpió bien los instrumentos.
4. Estaba escuchando música mientras trabajaba.
5. Tenía las manos sucias cuando iba a hacer el experimento.
6. La mesa de trabajo de Mauricio estaba muy desordenada.

Nombre: _____   Fecha: _____

13 Una mujer emprendedora

▶ **Escucha** la conversación y elige las palabras correctas para completar las oraciones.

1. La _____ empresa _____ de Andrea es pequeña.
   a. impresora   (b.) empresa   c. computadora

2. Andrea busca gente para completar su equipo de _____ empleados _____.
   a. tecnología   (b.) empleados   c. responsables

3. Los publicistas trabajarán inicialmente _____ media jornada _____.
   a. a jornada completa   (b.) media jornada   c. un día a la semana

4. Los publicistas deben ser emprendedores y _____ creativos _____.
   a. ambiciosos   b. exigentes   (c.) creativos

5. El diseñador gráfico debe saber mucho de _____ computadoras _____.
   (a.) computadoras   b. empresas   c. empleados

6. David es _____ eficiente _____ y responsable.
   a. exigente   b. emprendedor   (c.) eficiente

7. El diseñador gráfico trabajará _____ a jornada completa _____.
   a. media jornada   b. tres días a la semana   (c.) a jornada completa

8. El puesto de diseñador gráfico tiene un buen _____ sueldo _____.
   a. informe   (b.) sueldo   c. equipo

14 Diálogos

▶ **Escucha** los diálogos y completa las oraciones con los verbos del recuadro en la forma correcta.

tener	ser	querer	escribir	hablar	usar

1. Él no encuentra a nadie que _____ quiera _____ viajar fuera del país.

2. Ella conoce a una chica que _____ tiene _____ experiencia en ventas.

3. En esa empresa hay alguien que _____ habla _____ francés y alemán.

4. Aquí hay varios alumnos que _____ son _____ creativos y organizados.

5. En su clase no hay nadie que _____ use _____ estas computadoras.

6. Arturo tiene un amigo que _____ escribe _____ novelas.

15 Una abuela moderna

▶ **Escucha** la conversación y responde a las preguntas.

1. ¿Por qué está contenta la abuela de Carmen?

   <u>Porque le regalaron una computadora.</u>

2. ¿Qué le enseñó el tío de Carmen a su abuela?

   <u>Le enseñó a navegar por Internet y a mandar correos electrónicos.</u>

3. ¿Qué le explica Carmen a su abuela?

   <u>Le explica cómo enviar una foto por correo electrónico.</u>

▶ **Escucha** otra vez y completa las instrucciones con las palabras de las cajas. Recuerda que los verbos van en imperativo.

| correo | archivo | mensaje | Internet | computadora | ratón | cliclar (3) |

Instrucciones para enviar una fotografía por correo electrónico

1.º Conecta tu _____**computadora**_____ y abre _____**Internet**_____.

2.º Para entrar en tu _____**correo**_____, escribe tu nombre
y tu contraseña (*password*).

3.º _____**Clica**_____ con el _____**ratón**_____ en
«Nuevo _____**mensaje**_____».

4.º _____**Clica**_____ en «Adjuntar (*attach*) _____**archivo**_____»,
inserta tu foto y _____**clica**_____ en el botón de «Enviar».

16 ¿Quién es quién?

▶ **Escucha** y escribe el nombre de cada persona debajo de su fotografía. Escribe también su profesión con el artículo determinado.

2	3	1	4
Álex.	Gabriela.	Alfredo.	María.
El modelo.	La cantante.	El artista.	La detective.

Nombre: ....   **Fecha:** ....

17 ¿Cómo deben ser?

▶ **Habla** con tu compañero(a). ¿Cuáles deben ser las cualidades de estos profesionales?

Modelo

El gerente debe ser eficiente y organizado.

¡Y responsable!

el gerente	la detective	la empresaria	el contador
el banquero	la periodista	el astronauta	la traductora

18 Mi computadora

▶ **Habla** con tu compañero(a). Nombra las distintas partes de la computadora y responde a las preguntas.

Modelo

¿Qué tienes que hacer para guardar un mensaje?

Para guardar un mensaje tengo que ir a mi correo electrónico, abrir el mensaje y clicar en el botón de guardar.

¿Qué necesitas hacer para...

1. abrir un documento?
2. cerrar un programa?
3. subir una foto?
4. imprimir un informe?
5. enviar un email?

19 Aficiones en grupo

ANSWERS WILL VARY

▶ **Habla** con tu compañero(a). Imaginen que van a formar estos grupos y quieren invitar a otras personas a unirse.

Modelo *un club de bailes latinos*

Busco chicos y chicas que hablen español para formar un club de bailes latinos. Si tienes ganas de participar, escribe a clublatino@baile.com.

A

una banda de rock

C

un club de ajedrez

E

un grupo de teatro

B

un club de cocina

D

un equipo de natación

F

el club Locos por las computadoras

20 ¿Quién gana?

▶ **Habla** con tu compañero(a). Por turnos, añadan los artículos definidos correctos (*el*, *la*, *los*, *las*). ¿Quién tiene más aciertos?

1. _la_ luna llena
2. _los_ días soleados
3. _la_ mano herida
4. _el_ pijama elegante
5. _la_ moto roja
6. _el_ juez serio

7. _el_ trabajador eficiente
8. _los_ modelos rubios
9. _el_ presidente amable
10. _la_ jefa ambiciosa
11. _el_ tema interesante
12. _el_ pijama amarillo

Aciertos

Español Santillana. Speaking and Listening Workbook. Unidad 5

Nombre: _____   **Fecha:** _____

21 Sin Color

▶ **Escucha** e indica si las siguientes afirmaciones son ciertas (C) o falsas (F).

1. Sin Color es una ONG.   Ⓒ F
2. La tarea principal de Sin Color es atender a personas mayores.   C Ⓕ
3. Sin Color ayuda a la integración social de los pueblos indígenas.   Ⓒ F
4. Hay personas que trabajan con Sin Color como voluntarios.   Ⓒ F
5. Sin Color no colabora con otras organizaciones.   C Ⓕ
6. En Sin Color hay abogados que ayudan a personas sin recursos.   Ⓒ F
7. Los ciudadanos cooperan con esta organización donando dinero.   Ⓒ F
8. A Sin Color le preocupa el respeto de los derechos humanos.   Ⓒ F

▶ **Escucha** otra vez y explica. ¿Qué tareas realiza la organización Sin Color y cuáles son sus principales objetivos?

Sin Color tiene como objetivo la integración social de los pueblos indígenas. Para ello, imparten conferencias y talleres que fomentan la solidaridad, la tolerancia y el respeto de sus derechos. Además, la organización cuenta con un equipo de abogados que asesora a personas sin recursos.

22 ¡Somos voluntarias!

▶ **Escucha** y relaciona cada elemento de la columna A con uno de la columna B para formar oraciones que expresen los sentimientos de Lucía y Juana.

Ⓐ

1. A las dos les emociona
2. A Lucía le alegra
3. A Juana le fascina
4. A las dos les sorprendió
5. A Lucía le emociona
6. A Lucía le divierte

Ⓑ

a. que los niños las recibieran con aplausos.
b. ayudar a los niños con sus tareas.
c. ver con qué alegría las esperan cada día.
d. poder ayudar a las personas necesitadas.
e. leerles libros a las personas mayores.
f. que Juana trabaje con ella.

23 **Por una Sonrisa**

▶ **Escucha** a Julio y responde a las preguntas.

1. ¿A quién está dirigido el proyecto Por una Sonrisa?

   A chicos y chicas que tienen dificultades para aprender.

2. ¿Qué hace Julio todos los sábados?

   Va a la biblioteca para ayudar a los chicos a hacer sus tareas.

3. ¿Qué les sorprende a los amigos de Julio?

   Les sorprende que Julio vaya a la biblioteca todos los sábados.

4. ¿Qué le preocupa a Julio?

   Le preocupa que los chicos no aprendan y lo pasen mal en la escuela.

5. ¿Cómo coopera la familia de Julio?

   La familia de Julio dona material escolar para los chicos con menos recursos.

24 **Las dificultades no importan**

▶ **Escucha** las oraciones. Todas ellas expresan una dificultad que es vencida.
Marca si esas dificultades se refieren a situaciones reales (R) o probables (P).

Modelo *Aunque no tengo tiempo, iré a la ONG.*
   → *Real (no tengo tiempo, pero iré a la ONG).*

   Aunque no tenga tiempo, iré a la ONG.
   → *Probable (es probable que no tenga tiempo, pero iré a la ONG).*

	REAL	PROBABLE
1.	✓	
2.		✓
3.	✓	
4.	✓	
5.	✓	
6.	✓	
7.	✓	
8.		✓

▶ **Escribe** dos oraciones más con *aunque* y *a pesar de que*, una que se refiera
a una situación real y otra que se refiera a una situación probable.

1. No consigo perder peso a pesar de que hago dieta.

2. Aunque tenga mucho trabajo, iré a visitar a mi abuela.

Nombre: _____   **Fecha:** _____

25 Trabajando por mi comunidad

▶ **Habla** con tu compañero(a). ¿Con qué organización te gustaría colaborar como voluntario(a)? Descríbanla por turnos.

Modelo

Quisiera trabajar como voluntario en un programa que atienda a personas mayores...

A mí me gustaría colaborar con una organización que ayude a proteger el medio ambiente...

26 Sentimientos

▶ **Habla** con tu compañero(a). Escribe dos hábitos o conductas que te emocionan, dos que te aburren, dos que te preocupan y dos que te enfadan. Comparte tu lista con tu compañero(a). ¿Tienen cosas en común?

Modelo

Me aburre que me cuenten la misma historia dos veces.

¡A mí también! Mi hermana lo hace muchas veces. Y me enfada que mis amigos lleguen tarde.

Español Santillana. Speaking and Listening Workbook. Unidad 5

99

ANSWERS WILL VARY

27 En el futuro

▶ **Habla** con tu compañero(a). Cuéntale qué cosas harás en el futuro (este fin de semana, en vacaciones, el próximo verano…) aunque tengas algunas dificultades. Usa las acciones de las cajas y utiliza el indicativo o el subjuntivo.

Modelo

Montaré en bicicleta **aunque llueva.**

Ayudaré en la biblioteca **a pesar de que tengo** muchas tareas.

montar en bicicleta	ser voluntario(a)	proteger la naturaleza
ir a la playa	ayudar en la biblioteca	dormir toda la mañana
ir al cine	llamar a mis amigos	cooperar con una ONG
viajar a Latinoamérica	comer helado	ser un buen ciudadano

28 Personas solidarias

ANSWERS WILL VARY

▶ **Inventa** con tu compañero(a) historias sobre las personas de las imágenes. ¿Qué hacen? ¿Con qué ONG coopera cada uno? ¿A qué se dedican esas ONG?

Modelo

El chico se llama Rodrigo y trabaja en una ONG…

Sí, esa ONG ayuda a…

Nombre: .... **Fecha:** ....

29 **Mi amigo Leonardo**

▶ **Escucha** a Marcelo e indica si las siguientes afirmaciones son ciertas (C) o falsas (F).

1. Leonardo está estudiando para ser profesor.   Ⓒ   F
2. Él quiere trabajar como voluntario en un hospital.   C   Ⓕ
3. Esta ONG ayuda a niños con pocos recursos.   Ⓒ   F
4. El objetivo principal de esta ONG es construir escuelas.   C   Ⓕ
5. A Leonardo no le interesa mucho la educación.   C   Ⓕ
6. Leonardo tiene experiencia ayudando a otras personas.   Ⓒ   F
7. Marcelo quiere que acepten a Leornardo como voluntario.   Ⓒ   F
8. Leonardo es un ciudadano muy comprometido.   Ⓒ   F

▶ **Escucha** otra vez y completa las oraciones. Usa el imperfecto de subjuntivo.

1. Leonardo le pidió a Marcelo que _lo aconsejara_ .

2. En la ONG le dijeron a Leonardo que _presentara una solicitud y un_
   ensayo explicando por qué quiere cooperar .

3. Marcelo le aconsejó a Leonardo que _contara su experiencia de ayuda_
   a otras personas en su comunidad .

30 **¿Qué pasa con el ascenso de Juan?**

▶ **Escucha** los comentarios y escribe el número de cada oración en la columna correspondiente según exprese certeza, duda o dificultad.

Certeza	Duda	Dificultad
1	2	5
4	3	7
6	8	9

▶ **Escucha** de nuevo y escribe una oración para cada categoría.

Certeza   _Estoy segura de que a Juan le gustaría que lo ascendieran._

Duda   _No estoy seguro de que ese ascenso sea bueno para él._

Dificultad   _Aunque no me asciendan, seguiré trabajando con entusiasmo._

31 **El nuevo trabajo de Mariana**

▶ **Escucha** y elige la respuesta correcta.

1. Mariana es _____ traductora _____.
   a. periodista   (b.) traductora   c. gerente

2. Ella trabajará en _____ una empresa _____ importante.
   a. un periódico   b. una ONG   (c.) una empresa

3. Mariana va a trabajar _____ media jornada _____.
   (a.) media jornada   b. a jornada completa   c. sus vacaciones

4. Mariana tendrá una semana de vacaciones _____ por contrato _____.
   (a.) por contrato   b. a jornada   c. de sueldo

5. Ella es una chica _____ eficiente _____ y responsable.
   a. amable   (b.) eficiente   c. ambiciosa

6. La madre de Mariana _____ está segura _____ de que ella ascenderá pronto.
   a. duda   (b.) está segura   c. no está convencida

7. A los padres de Mariana _____ les alegra _____ que ella trabaje.
   (a.) les alegra   b. les emociona   c. les preocupa

32 **Una entrevista en la calle**

▶ **Escucha** la entrevista y responde a las preguntas.

1. ¿Cuál es la profesión de Ramón?

   Ramón es periodista.

2. Para Ramón, ¿cómo debe ser un periodista?

   Debe ser creativo, responsable y organizado.

3. ¿Cuál es la mayor preocupación de Ramón?

   Su mayor preocupación es informarse bien y ser fiel a la realidad.

4. ¿A qué profesionales conoce Ramón por su trabajo?

   Conoce a personas muy interesantes: abogados, funcionarios, políticos…

5. ¿Qué está escribiendo Ramón ahora?

   Está escribiendo un artículo sobre una ONG hondureña.

6. ¿Qué hará Ramón aunque no sea fácil?

   Colaborará con ellos.

Nombre: ....   **Fecha:** ....

33 Profesiones y profesionales

▶ **Habla** con tu compañero(a). Identifiquen las profesiones y digan qué cualidades debe tener cada uno de estos profesionales. ¿Cómo imaginan su trabajo?

Modelo

> El banquero debe ser eficiente, responsable y ambicioso.

> Es seguro que el banquero trabaja a jornada completa.

A

C

E

B

D

F

34 Un personaje histórico

▶ **Habla** con tu compañero(a) sobre un personaje histórico que conozcan. Por turnos, usen expresiones de certeza y duda para hablar sobre su vida.

Modelo César Chávez

> Es evidente que César Chávez quería mejorar las condiciones de vida de los inmigrantes.

Es cierto que...	Es dudoso que...	No es verdad que...
Es verdad que ...	Es improbable que...	No es cierto que...
Es obvio que...	Es posible que...	No estoy seguro(a) de que...
Sé que...	Dudo que...	No estoy convencido(a) de que...

ANSWERS WILL VARY

35 **Me gusta**

▶ **Habla** con tu compañero(a) sobre los sentimientos que te producen las situaciones de las imágenes.

Modelo

> Me da miedo salir sola de noche.

> ¡A mí me fascina caminar de noche!

36 **Una ONG**

ANSWERS WILL VARY

▶ **Habla** con tu compañero(a). Imaginen que van a ser voluntarios(as) en una ONG y respondan a estas preguntas.

Modelo

> Yo prefiero ayudar a los niños o a las personas mayores de mi comunidad.

1. ¿Qué tipo de proyectos prefieren? ¿Por qué?
2. ¿Dónde les gustaría trabajar?
3. ¿Qué profesionales podrían ayudarlos con sus proyectos?
4. ¿Cómo creen que debe ser un voluntario?

Unidad 6 Tus aficiones

Nombre: .... **Fecha:** ....

EL TIEMPO LIBRE Y LOS VIAJES

1 **De viaje por las Américas**

▶ **Escucha** la información y señala en el mapa a qué país hispano pertenece cada línea aérea. Escribe cada número en el lugar correspondiente.

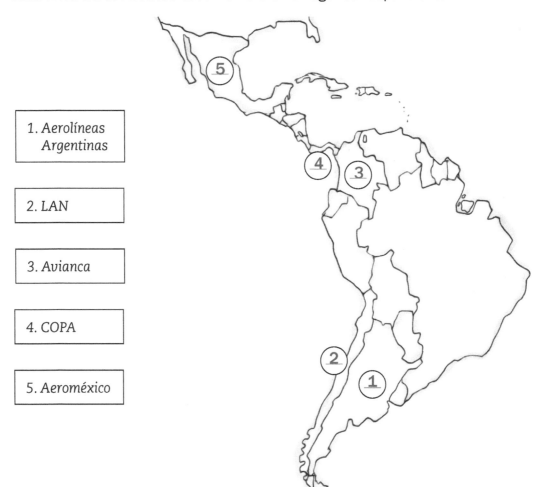

1. Aerolíneas Argentinas

2. LAN

3. Avianca

4. COPA

5. Aerom*é*xico

▶ **Escucha** otra vez y enumera al menos dos lugares adonde viaja cada línea aérea.

Aerolíneas Argentinas: Europa y Australia.

LAN: México y los Estados Unidos.

Avianca: España y los Estados Unidos.

COPA: Centroamérica y el Caribe.

Aeroméxico: Canadá y los Estados Unidos.

Español Santillana. Speaking and Listening Workbook. Unidad 6

105

2 Sílabas tónicas

▶ **Escucha** y repite las palabras. Escucha otra vez y subraya la palabra que oyes.

1. practico / <u>práctico</u>
2. <u>diálogo</u> / dialogó
3. robo / <u>robó</u>

4. <u>viaje</u> / viajé
5. bebe / <u>bebé</u>
6. termino / <u>terminó</u>

7. <u>papa</u> / papá
8. camino / caminó
9. <u>género</u> / generó

▶ **Clasifica** las palabras subrayadas en el grupo correspondiente.

PALABRAS AGUDAS (como *amor* o *jardín*)	robó, bebé, terminó
PALABRAS LLANAS (como *casa* o *árbol*)	viaje, papa, camino
PALABRAS ESDRÚJULAS (como *pirámide*)	práctico, diálogo, género

▶ **Indica** si estas afirmaciones son ciertas (C) o falsas (F).

• Las palabras agudas terminadas en vocal llevan acento gráfico (´).   Ⓒ   F

• Las palabras llanas terminadas en vocal no llevan acento gráfico (´).   Ⓒ   F

3 Con acento gráfico

▶ **Escucha** y marca las palabras que oyes. Luego, clasifícalas en la tabla.

☐ avión   ☐ compás   ☑ débil   ☑ automóvil   ☑ azúcar

☑ último   ☐ número   ☑ telón   ☐ huésped   ☑ acuático

☐ veré   ☑ sábado   ☑ trébol   ☑ periódico   ☑ después

PALABRAS AGUDAS	PALABRAS LLANAS	PALABRAS ESDRÚJULAS
telón	trébol	último
después	azúcar	sábado
	débil	periódico
	automóvil	acuático

4 Debajo de un botón

▶ **Escucha** y canta la siguiente canción popular. ¡Apréndela de memoria!

Debajo [de] un botón, ton, ton,
que encontró Martín, tin, tin,
había un ratón, ton, ton,
¡ay, qué chiquitín, tin, tin!

¡Ay, qué chiquitín, tin, tin,
era aquel ratón, ton, ton,
que encontró Martín, tin, tin,
debajo [de] un botón, ton, ton!

Nombre: ....   **Fecha:** ....

5   ¡Cuántos espectáculos!

▶ **Escucha** e identifica los espectáculos. Luego, escribe el nombre de cada uno debajo de la fotografía correspondiente.

6

el concierto

5

la ópera

4

el circo

1

el ballet

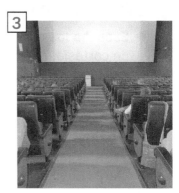
2

el musical

3

el cine

6   ¿Salimos esta noche?

▶ **Escucha** la conversación y completa las oraciones con las palabras que faltan.

1. Juan miró la _____cartelera_____ en el periódico.

2. A Juan le parece que la obra de _____teatro_____ es mejor.

3. Andrea prefiere ver una película _____cómica_____ .

4. En el cine Paraíso _____estrenan_____ una película muy divertida.

5. El _____protagonista_____ de la película es un actor español muy famoso.

6. A Juan no le gusta hacer _____fila_____ en la _____taquilla_____

   para comprar los _____boletos_____ .

7 Opiniones diferentes

▶ **Escucha** la conversación y elige un elemento de cada columna para formar oraciones correctas.

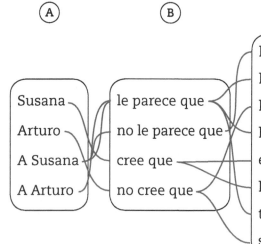

(A)   (B)   (C)

Susana
Arturo
A Susana
A Arturo

le parece que
no le parece que
cree que
no cree que

la protagonista sea una buena actriz.
la película tiene escenas poco creíbles.
la película gane muchos premios.
la protagonista es una actriz excelente.
es mejor que no hablemos de la película.
la película ganará muchos premios.
tiene escenas de suspenso geniales.
sea un problema tener opiniones distintas.

8 ¿Opiniones o cortesía?

▶ **Escucha** los diálogos y marca en la tabla si contienen alguna expresión de cortesía, alguna opinión positiva o alguna opinión negativa.

	EXPRESIÓN DE CORTESÍA	OPINIÓN POSITIVA	OPINIÓN NEGATIVA
1.	✓		
2.	✓		
3.		✓	
4.			✓
5.	✓		
6.		✓	

▶ **Escribe** dos diálogos breves: uno debe contener expresiones de cortesía y el otro debe expresar una opinión positiva o negativa.

–¿Me podrías abrir la puerta, por favor?

–Me gustaría ayudarte, pero no puedo. Tengo las manos ocupadas. Lo siento.

–Creo que leer periódicos en español es una gran idea.

–Sí, opino lo mismo. Me parece que nuestro español mejoraría mucho.

Nombre: ....   **Fecha:** ....

9   **¿Qué hacemos?**

▶ **Habla** con tu compañero(a). Elige los eventos a los que quieres ir e invítalo/la a asistir a esos espectáculos. Tu compañero(a) debe responder adecuadamente a la invitación.

Modelo

> ¿Vamos el sábado a ver *La Siempreviva*? La función es en el Teatro Nacional y creo que es una obra muy buena.

> Lo siento, no creo que pueda ir. Ana y yo vamos al cine.

ESPECTÁCULOS

MÚSICA

Festival de *Jazz*
Sábado 5, 6:30 p. m. Centro Cultural Julio Mario Santo Domingo (Calle 170, 67-51).

Concierto de música clásica
Domingo 6, 3:30 p. m. Teatro Jorge Eliecer Gaitán (Carrera 7, 22-47).

Concierto de Los fabulosos
Domingo 6, 7:30 p. m. Centro Cultural Gabriel García Márquez (Calle 11, 5-60).

CINE

La piel que habito, de Pedro Almodóvar (España, 2011)
CC Andino: viernes 4 y sábado 5, 6:20 p. m. y 8:50 p. m.

La cara oculta, de Andi Baiz (Colombia, 2011)
Teatro Embajador: sábado 5 y domingo 6, 4:00 p. m. y 8:30 p. m.

Mamá, tómate la sopa, de Mario Ribero (Colombia, 2011)
Teatro Centro Mayor: sábado 5, 5:40 p. m.

TEATRO

La Siempreviva, bajo la dirección de Miguel Torres
Casa del Teatro Nacional: jueves 3, sábado 5 y domingo 6, 6:30 p. m.

10   **Opiniones**

▶ **Habla** con tu compañero(a). Expongan sus opiniones sobre tres películas o programas de televisión que ambos hayan visto. ¿Están de acuerdo o tienen opiniones diferentes?

Modelo

> A mí no me gustó *María Antonieta*. No creo que Sofía Coppola sea tan buena directora como dicen.

> Pues yo creo que es una excelente directora. Y el vestuario de *María Antonieta* me parece espectacular.

Más opiniones

ANSWERS WILL VARY

▶ **Habla** con tu compañero(a). Por turnos, digan su opinión acerca de estos espectáculos.

Modelo

A mí no me gusta el circo porque pienso que los animales sufren.

No estoy de acuerdo. Yo creo que es un espectáculo artístico respetable.

el circo	el teatro	una película romántica
una película de terror	el ballet	la ópera
un musical	una película cómica	un concierto

---

12 **Es posible**

ANSWERS WILL VARY

▶ **Habla** con tu compañero(a). Creen diálogos breves usando expresiones de cortesía adecuadas para cada situación.

Modelo

Buenos días. Quería cambiar estos pantalones...

Nombre: ....   **Fecha:** ....

13 **Fútbol: ayer y hoy**

▶ **Escucha** el programa de radio y elige la respuesta correcta.

1. Los Zorros jugaron dieciséis _____ partidos _____.
   a. derrotas   (b.) partidos   c. jugadores

2. Los Zorros son _____ un equipo _____ de fútbol.
   a. un campeón   b. un atleta   (c.) un equipo

3. Los Zorros juegan al fútbol en _____ el estadio _____ municipal.
   a. la pista   (b.) el estadio   c. la cancha

4. Los _____ aficionados _____ se mantuvieron fieles a su equipo.
   (a.) aficionados   b. primos   c. perdedores

5. En el último partido el equipo _____ visitante _____ marcó un gol.
   a. local   (b.) visitante   c. aficionado

6. Después del primer tiempo el _____ marcador _____ estaba a cero.
   (a.) marcador   b. tanteo   c. empate

7. Los Zorros estaban muy tristes por la _____ derrota _____.
   a. cancha   (b.) derrota   c. competencia

(ANSWERS WILL VARY)

▶ **Responde.** ¿Qué puede hacer el equipo local para ganar más partidos?

  Deben entrenar más para jugar mejor.

  ....

  ....

14 **El campeonato de remo**

▶ **Escucha** la conversación y completa las oraciones con los verbos en la forma correcta.

1. Quizás José _____ compita _____ en el campeonato de remo.

2. Tal vez José _____ tenga _____ que escoger entre
   el campeonato de remo y la regata de vela.

3. A lo mejor Luis _____ puede _____ participar
   en el campeonato de remo.

4. Pedro piensa que Luis _____ estará _____ en la biblioteca
   o que tal vez _____ esté _____ en la piscina.

tener

estar (2)

competir

poder

15 Semana deportiva

▶ **Escucha** el anuncio y completa la tabla con las actividades previstas para la Semana deportiva.

	LUNES	MARTES	MIÉRCOLES	JUEVES
Mañana	competencia de natación	regata de vela	–	campeonato de remo
Tarde	carrera de ciclismo	–	finales de atletismo	partido de baloncesto

▶ **Escucha** otra vez y responde a las preguntas.

1. ¿Dónde será la competencia de natación?

   Será en la piscina de la escuela.

2. ¿Qué deben llevar los participantes en la carrera de ciclismo?

   Cada ciclista debe llevar su casco.

3. ¿Qué eventos tendrán lugar en Playa Bonita?

   En Playa Bonita se celebrará la regata de vela y el campeonato de remo.

4. ¿Qué competencia deportiva se celebrará en el estadio municipal?

   Allí se celebrarán las finales de atletismo.

5. ¿Dónde será el partido de baloncesto?

   El partido de baloncesto se jugará en la cancha de la escuela.

16 Finalidad

▶ **Escucha** la conversación y completa las oraciones con *a (que)* o *para (que)* y la forma verbal correcta.

1. Jorge va ____ a ver ____ al entrenador ____ para que ____

   le ____ dé ____ el uniforme.

2. Jorge necesita el uniforme ____ para jugar ____ la final

   del campeonato de baloncesto.

3. Fran tiene que ir a la biblioteca ____ a recoger ____

   unos libros para su hermana.

4. Jorge le va a llevar la cartelera a Fran ____ para que ____

   la ____ vea ____ .

Nombre: ....   **Fecha:** ....

17 Mi deporte favorito

▶ **Habla** con tu compañero(a) sobre tu deporte favorito. Por turnos, respondan a las preguntas.

Modelo

> Mi deporte favorito es el esquí acuático. Lo practico los sábados y los domingos por la mañana...

1. ¿Cuál es tu deporte favorito?
2. ¿Dónde lo practicas? ¿Con quién?
3. ¿Es un deporte competitivo?
4. ¿Practicas otros deportes? ¿Cuáles?

18 Deportistas famosos

▶ **Habla** con tu compañero(a) sobre deportistas famosos. Primero, completa la tabla. Luego, por turnos, den información para que el/la compañero(a) adivine de qué deportista se trata.

Modelo

> Es un nadador, norteamericano, que ha participado dos veces en los Juegos Olímpicos

> ¡Es Michael Phelps!

DEPORTE	DEPORTISTA	PAÍS DE ORIGEN	COMPETENCIAS EN LAS QUE HA PARTICIPADO
natación	Michael Phelps	Estados Unidos	Juegos Olímpicos

ANSWERS WILL VARY

19 Es probable

▶ **Habla** con tu compañero(a). Por turnos, expresen probabilidad en relación con las situaciones de las imágenes. Utilicen las expresiones *quizá(s)*, *tal vez* y *a lo mejor*.

Modelo

> A lo mejor vemos el partido de fútbol el domingo en mi casa.

> Tal vez yo también lo vea con mi familia.

A

B

C

D

F

20 ¿Para qué?

ANSWERS WILL VARY

▶ **Habla** con tu compañero(a) sobre las situaciones de las imágenes. Utiliza expresiones de finalidad con *a* y *para*.

Modelo

> Ella quiere estar en forma para participar en las finales de atletismo.

A

B

C

Nombre: ....   **Fecha:** ....

21 **Un viaje a Japón**

▶ **Escucha** la conversación y elige la opción correcta para completar cada oración.

1. Pablo y Sara _____ necesitan visa _____ para viajar a Japón.
   - (a.) necesitan visa
   - b. no necesitan visa
   - c. tienen visa

2. Deben tener la documentación en orden para _____ el control de pasaportes _____.
   - a. comprar los boletos
   - (b.) el control de pasaportes
   - c. hacer la reserva

3. Sara reservó _____ los boletos _____ del viaje por Internet.
   - a. la agencia
   - (b) los boletos
   - c. el alojamiento

4. Los boletos no son tan caros porque es _____ temporada baja _____.
   - a. temporada alta
   - b. verano
   - (c) temporada baja

5. Sara y Pablo van a viajar a Japón en un vuelo _____ con escalas _____.
   - (a.) con escalas
   - b. directo
   - c. nacional

6. Deben confirmar _____ la reserva _____ antes de 48 horas.
   - a. los boletos
   - (b.) la reserva
   - c. el hotel

7. Sara prefiere un hotel _____ en el centro _____.
   - a. en las afueras
   - (b.) en el centro
   - c. caro

22 **¿Qué dijeron?**

▶ **Escucha** las conversaciones y completa los textos usando el estilo indirecto.

1
El auxiliar de vuelo les dijo a los pasajeros que el vuelo con destino a
Madrid _____ tenía _____ retraso. También les dijo que _____ hablaran _____
con un empleado para confirmar la hora de salida.

2
A los pasajeros del vuelo a Boston les dijeron que se _____ dirigieran _____
a la terminal 4 y que _____ esperaran _____ en la puerta de embarque porque
su vuelo _____ tenía _____ retraso.

3
A los pasajeros del vuelo a Lima les pidieron que _____ tuvieran _____
su pasaporte a mano y les dijeron que _____ fueran _____ al mostrador
de la línea aérea si _____ tenían _____ algún problema.

23 De visita en la ciudad

▶ **Escucha** la conversación y ordena las imágenes. Luego, completa las oraciones con *donde*, *por donde*, *desde donde*, *dónde* o *adónde*.

4 Nos gustaría una habitación __desde donde__ se vea el mar.

3 El hotel está en una zona __donde__ hay muchas tiendas y restaurantes.

2 ¿ __Adónde__ las llevo?

¿ __Dónde__ podemos encontrar un hotel?

1 Sigan __hasta donde__ está el cartel de SALIDA.

24 Equipaje extraviado

▶ **Escucha** la conversación y responde a las preguntas. Usa el estilo indirecto.

1. ¿Qué tipo de viaje hizo Carolina y adónde fue?

   Carolina hizo un viaje de negocios a Guatemala.

2. ¿Qué le pasó a Carolina?

   Que en el vuelo de regreso se le perdió el equipaje.

3. ¿Qué le dijeron a Carolina en el mostrador de la línea aérea?

   Que en ese momento no sabían dónde estaba su equipaje.

4. ¿Qué le sugirieron a Carolina para su próximo viaje?

   Que comprara un seguro de equipaje.

5. ¿Qué iba a hacer Carolina?

   Iba a escribir una carta de reclamación.

Nombre: _____   **Fecha:** _____

25 De viaje

▶ **Habla** con tu compañero(a) sobre los últimos viajes que has hecho. Por turnos, describan las cosas que hicieron antes y durante el viaje.

Modelo

> Mi último viaje fue el verano pasado. Fuimos en avión a Chile, a visitar a unos amigos de mis padres. Primero, preparamos toda la documentación...

> El verano pasado mi familia y yo viajamos a Perú en avión. Recuerdo que el vuelo salió con retraso...

26 Me dijo que...

▶ **Habla** con tu compañero(a). Imagina que fuiste a una agencia de viajes para organizar tus vacaciones. Coméntale lo que te dijeron y haz una lista de las cosas que no debes olvidar si te vas de viaje.

Modelo

> Me dijo que era importante llevar el pasaporte y todos los documentos.

> A mí me dijo que no olvidara confirmar la reserva dos días antes si era un vuelo internacional.

Para ir de viaje

_____

_____

_____

_____

_____

_____

27 El primer viaje de Colón

▶ **Habla** con tu compañero(a). Observen el mapa de los viajes de Cristóbal Colón al continente americano. Por turnos, hagan preguntas y respondan sobre sus viajes. Utilicen expresiones de lugar como *dónde*, *adónde*, *por donde*, *de/desde donde*, etc.

Modelo

¿De dónde salió Cristóbal Colón?

Salió del puerto de Palos de la Frontera...

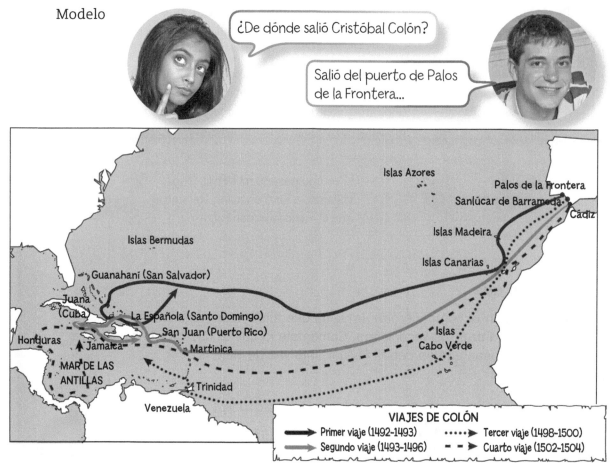

VIAJES DE COLÓN

➤ Primer viaje (1492-1493) · · · · ➤ Tercer viaje (1498-1500)
➤ Segundo viaje (1493-1496) – – ➤ Cuarto viaje (1502-1504)

28 Un agente de viajes

▶ **Representa** con tu compañero(a) una conversación entre un(a) agente de viajes y un(a) cliente(a). Tomen los puntos del recuadro como guía.

- Lugares que quieren visitar.
- Época del año en la que quieren viajar.
- Documentación necesaria para viajar.
- ¿Qué deben hacer en el aeropuerto?
- Medios de transporte que van a utilizar.
- Alojamiento.
- Tarifas.

Modelo

Quería viajar a la India. ¿Necesito pedir visa?

Nombre: ....   **Fecha:** ....

29 **Distintos lugares**

▶ **Escucha** y relaciona cada diálogo con una imagen.

▶ **Escucha** otra vez y completa las oraciones.

1. Esteban y Ana están en el teatro .

2. Ana cree que van a ver una obra cómica .

3. Las camisetas del equipo visitante son blancas .

4. Pedro dice que el último partido terminó en empate .

5. Antonio espera que su equipo gane .

6. El empleado del aeropuerto le pide al joven que le muestre su pasaporte
   y su tarjeta de embarque .

7. El joven le dice al empleado que es un viaje de placer .

8. A Gabriel y a Rafael les gusta mucho la natación .

30 **Un partido importante**

▶ **Escucha** la conversación entre Mateo y Felipe. Luego, indica si las siguientes afirmaciones son ciertas (C) o falsas (F) y corrige las falsas.

1. Felipe está muy tranquilo.　　　　　　　　　　　　　　C　Ⓕ

　　Felipe está un poco nervioso.

2. Este fin de semana es el campeonato de remo.　　　　C　Ⓕ

　　Este fin de semana es el partido de baloncesto contra Los Pumas.

3. La competencia es en la piscina de la escuela.　　　　C　Ⓕ

　　El partido se juega en la cancha de la escuela.

4. El entrenador les dijo que el equipo local es muy rápido.　C　Ⓕ

　　El entrenador les dijo que el equipo visitante es muy rápido.

5. Los chicos no quieren decepcionar al equipo visitante.　C　Ⓕ

　　Los chicos no quieren decepcionar a sus aficionados.

31 **Opiniones sobre una obra de teatro**

▶ **Escucha** el diálogo y completa las oraciones con las palabras del recuadro.

aplausos	teatro	telón	protagonista	butaca

1. Andrea quiere ver una obra de _____ teatro _____.

2. El _____ protagonista _____ de la obra ha hecho excelentes papeles en el cine.

3. Julia se quedó dormida en su _____ butaca _____.

4. Se escucharon muy pocos _____ aplausos _____ cuando bajaron

   el _____ telón _____.

▶ **Escucha** otra vez el diálogo y completa las oraciones.

1. A Julia le parece que la obra no es muy buena.

2. A Andrea le parece que el protagonista ha hecho excelentes papeles

   en el cine.

3. A Julia no le parece que el protagonista sea un buen actor de teatro

4. Julia cree que Andrea no debe perderse la obra *Impaciencia del corazón*

Nombre: .... **Fecha:** ....

ANSWERS WILL VARY

32 ¿Puedo ayudarte?

▶ **Inventa** con tu compañero(a) una historia o un diálogo para cada situación. Utilicen expresiones de cortesía, opinión, probabilidad, finalidad o lugar, y recuerden usar también el estilo indirecto.

Modelo

> La empleada les preguntó a los señores si podía ayudarlos.

> Me parece que los señores quieren ir de vacaciones a la playa.

A

C

B

D

VENTA →

← RECOGIDA

33 En mi tiempo libre

ANSWERS WILL VARY

▶ **Habla** con tu compañero(a) y describan lo que saben de los siguientes eventos o actividades.

Modelo

> Las regatas de vela se realizan normalmente sobre un recorrido llamado «triángulo olímpico».

una regata de vela

los Juegos Olímpicos

una carrera ciclista

un concierto

un espectáculo de circo

una ópera

Español Santillana. Speaking and Listening Workbook. Unidad 6

121

34 **Quizás…**

▶ **Habla** con tu compañero(a). ¿Qué probabilidad hay de que hagas estas cosas? Utiliza expresiones como *quizá(s)*, *tal vez* y *a lo mejor*.

Modelo

Quizás vaya al cine la próxima semana.

A lo mejor mi hermano y yo vamos a la playa mañana.

A

D

G

B

E

H

C

F

I

35 **Preguntas**

▶ **Habla** con tu compañero(a). Por turnos, pregunten y respondan a estas preguntas.

1. ¿Cuál es su espectáculo favorito? ¿Por qué?
2. ¿Qué tipo de películas prefieren ver?
3. ¿Adónde prefieren viajar?
4. ¿Qué deportes practican?

Nombre: _____ **Fecha:** _____

LA NATURALEZA Y EL MEDIO AMBIENTE

1 **El calendario maya**

▶ **Escucha** la presentación y relaciona cada característica con uno de los tres calendarios del sistema maya.

> a. el calendario sagrado   b. el calendario civil   c. la cuenta larga

_b_ 1. Duraba un año solar.

_c_ 2. Se usaba para registrar los eventos políticos importantes.

_b_ 3. Se usaba para planear las actividades de la comunidad.

_a_ 4. Se usaba para pronosticar los períodos de lluvia.

_c_ 5. Abarca (*covers*) desde el principio de los tiempos.

_a_ 6. Regía (*governed*) las labores agrícolas.

_a_ 7. Se usaba para predecir el destino de las personas.

_a_ 8. Duraba 260 días.

2 **Unas montañas muy altas**

▶ **Escucha** la información e indica si las siguientes afirmaciones son ciertas (C) o falsas (F).

1. La Sierra Nevada de Santa Marta está en México.   C   (F)

2. Desde la Sierra Nevada de Santa Marta se ve el mar Caribe.   (C)   F

3. En esta cadena montañosa no hay muchos ecosistemas.   C   (F)

4. En estas montañas hay especies de animales que solo viven allí.   (C)   F

5. La Sierra Nevada de Santa Marta está deshabitada.   C   (F)

6. Para los indígenas, la Sierra Nevada es el corazón de la Tierra.   (C)   F

3 Marinero en tierra

▶ **Escucha** unos versos del poeta andaluz Rafael Alberti. Presta atención
a la pronunciación y subraya las palabras que están mal escritas.

CORREGIR

¡Qué <u>aldos</u>
los <u>palcones</u> de mi <u>gasa</u>!
<u>Bero</u> no se <u>pe</u> la mar.
¡Qué <u>pajos</u>!
<u>Supe</u>, <u>supe</u>, <u>palcón</u> mío,
trepa el aire, sin <u>barar</u>:
sé <u>derraza</u> de la mar,
sé torreón de navío.

▶ **Escucha** de nuevo y escribe correctamente los versos. Luego, recítalos. Si puedes,
grábate y comprueba tu pronunciación.

¡Qué altos

los balcones de mi casa!

Pero no se ve la mar.

¡Qué bajos!

Sube, sube, balcón mío,

trepa el aire, sin parar:

sé terraza de la mar,

sé torreón de navío.

4 Adivina, adivinanza

▶ **Escucha** y repite estas adivinanzas. Luego, escribe las soluciones.

1

En Melilla hay tres,
en Madrid ninguna,
en Castilla dos
y en Galicia una.

La letra ele.

2

En cualquier día
de la semana me verás,
excepto en domingo,
que no me encontrarás.

La letra ese.

3

Mi sombrero es una ola,
estoy en medio del año,
nunca estoy en la caracola
y sí al final del castaño.

La letra eñe.

5 ¿Con qué palabras riman?

▶ **Escucha** las palabras y escribe cada una de ellas junto a la palabra que rima.

1. nariz ___actriz___   4. laguna ___ninguna___   7. nevada ___helada___

2. vaya ___playa___   5. espejo ___conejo___   8. queso ___beso___

3. pino ___camino___   6. colores ___flores___   9. espuma ___pluma___

Nombre: _____   Fecha: _____

6 Puntos calientes de biodiversidad

▶ **Escucha** y marca con ✓ las afirmaciones ciertas de acuerdo con la información que has escuchado.

1. Todos los bosques del planeta son puntos calientes de biodiversidad.	
2. En los puntos calientes de biodiversidad hay especies únicas de flora y fauna.	✓
3. Los puntos calientes de biodiversidad se llaman así porque son zonas con temperaturas muy altas.	
4. En los puntos calientes de biodiversidad las especies están en peligro de extinción.	✓
5. Los puntos calientes de biodiversidad sufren la deforestación, la contaminación y el cambio climático.	✓
6. Los puntos calientes de biodiversidad son áreas naturales protegidas.	
7. Los ecosistemas de los Andes tropicales y las islas del Caribe están amenazados por catástrofes ecológicas.	✓
8. Es importante conservar los recursos naturales y proteger el medio ambiente.	✓

7 Una profesión importante

▶ **Escucha** y relaciona las columnas para formar oraciones correctas de acuerdo con la conversación.

(A)   (B)

1. Si admiten a Juan en esa universidad,   a. ayudará a reducir la contaminación.

2. Si Luis se levanta temprano,   b. irá a jugar al tenis con Luis.

3. Si reciclamos y ahorramos energía,   c. buscará otra universidad.

4. Si protegemos el medio ambiente,   d. irá a la escuela en bicicleta.

5. Si Luis usa más el transporte público,   e. evitaremos catástrofes ecológicas.

6. Si no admiten a Juan en esa   f. no se agotarán los recursos
   universidad,   naturales.

7. Si Juan termina de estudiar temprano,   g. estudiará Ciencias Ambientales.

8 Un viaje de investigación

▶ **Escucha** la conversación y escribe el nombre de la persona que quiere investigar cada tema representado en las imágenes.

A. __Marcela__

B. __David__

C. __Manuel__

D. __Adriana__

E. __Irene__

▶ **Escucha** otra vez y escribe qué investigaría cada estudiante si pudiera elegir. Usa el condicional.

1. David __investigaría sobre las especies en peligro de extinción__ .

2. Adriana __preferiría estudiar los insectos de la reserva__ .

3. Marcela __aprendería sobre los anfibios__ .

4. Manuel __estudiaría los mamíferos de la reserva__ .

5. Irene __investigaría sobre los efectos de la deforestación__ .

9 Las mareas negras

▶ **Escucha** la información y completa estas oraciones.

1. Las mareas negras son __una catástrofe ecológica__ .

   Se producen por __el derrame de petróleo en el mar__ .

2. Las mareas negras causan __graves daños en los ecosistemas marinos__

   _____ .

3. Las mareas negras pueden poner en peligro la salud de las personas, ya que

   __contaminan las playas y los alimentos de las zonas afectadas__ .

4. Las mareas negras tienen consecuencias económicas negativas porque __hay__

   __que dedicar muchos recursos económicos a su limpieza__ .

Nombre: _____   **Fecha:** _____

10 ¿Qué sabes del medio ambiente?

▶ **Habla** con tu compañero(a) sobre los temas siguientes.

Modelo *Las especies protegidas*

> Las especies protegidas son las especies de plantas o animales que hay que cuidar porque están en peligro de extinción.

> El oso polar y el lince ibérico son especies protegidas.

1. El efecto invernadero.
2. La deforestación.
3. El uso de energías alternativas.
4. El agujero de la capa de ozono.

11 Vamos a reciclar

▶ **Habla** con tu compañero(a) sobre qué pueden reciclar en cada uno de estos contenedores. Escribe cada cosa en su lugar.

Modelo

> En el contenedor de papel y cartón puedo reciclar mis cuadernos usados…

PAPEL Y CARTÓN PLEGADO

cuadernos usados _____

_____

_____

_____

_____

_____

_____

_____

_____

_____

Español Santillana. Speaking and Listening Workbook. Unidad 7

127

ANSWERS WILL VARY

12 ¿Qué harías si...?

▶ **Habla** con tu compañero(a) sobre qué harías en cada situación. Usa oraciones condicionales con *si*. ¿Coinciden en alguna situación?

Modelo

Si tengo cartón en casa, no lo tiro a la basura; lo deposito en el contenedor del papel y el cartón.

En mi casa, si tenemos cartón para tirar, también lo reciclamos.

A

D

G

B

E

H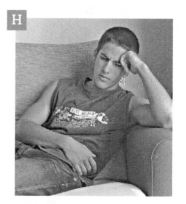

C

F

I

Nombre: _____   **Fecha:** _____

13 Nunca llueve a gusto de todos

▶ **Escucha** la conversación y relaciona cada persona con el tiempo que le gusta. Escribe sus nombres.

A   B   C   D

Sandra   Joaquín   Claudia   Roberto

▶ **Escucha** otra vez y elige la palabra correcta para completar cada oración.

1. Claudia se prepara una taza de chocolate caliente cuando ____llueve____.
   a. nieva   (b.) llueve   c. hace frío

2. A Sandra no le gustan los días ____lluviosos____.
   a. despejados   b. soleados   (c.) lluviosos

3. Roberto siempre sale a jugar cuando ____nieva____.
   a. hay nubes   (b.) nieva   c. hay tormenta

4. A Joaquín le gustan los truenos y los ____relámpagos____.
   (a.) relámpagos   c. arco iris   c. chubascos

14 Amenaza de lluvia

▶ **Escucha** la conversación y completa las oraciones con los verbos del recuadro en la forma correcta.

empezar	estar	llegar	salir	terminar	volver

1. La mamá de María va a salir a comprar antes de que ____empiece____ a llover.

2. A María le gusta hacer ejercicio cuando ____sale____ de la escuela.

3. María cree que empezará a llover cuando ____esté____ en el gimnasio.

4. María hará las tareas cuando ____llegue____ a casa.

5. Cuando la mamá de María ____vuelva____ de la compra, preparará la cena.

6. María y su mamá verán la telenovela cuando ____terminen____ de cenar.

15 Astrónomos famosos

▶ **Escucha** la presentación sobre astronomía y completa las oraciones con las palabras del recuadro.

galaxias	telescopios	Tierra	universo
planeta	estrellas	Sol	sistema solar

1. En la antigüedad, los astrónomos pensaban que nuestro ___planeta___

   era el centro del ___universo___.

2. Edwin Hubble confirmó la existencia de otras ___galaxias___.

3. William Herschel estudió el movimiento de las ___estrellas___

   con sus propios ___telescopios___.

4. Kepler explicó cómo se mueven los planetas alrededor del ___Sol___.

5. Copérnico propuso su teoría sobre el ___sistema solar___ y dijo que

   la ___Tierra___ se movía alrededor del Sol.

▶ **Escucha** otra vez y ordena los acontecimientos.

__5__ a. Edwin Hubble dijo que hay otras galaxias
    además de la nuestra.

__3__ b. Kepler explicó cómo se mueven los planetas.

__1__ c. Los astrónomos pensaban que la Tierra
    era el centro de todo.

__2__ d. Copérnico demostró que el Sol no se movía
    alrededor de la Tierra.

__4__ e. William Herschel hizo un mapa de la Vía Láctea.

16 El jardín de Tina y Eloy

▶ **Escucha** el diálogo y completa las siguientes oraciones usando el presente perfecto de subjuntivo.

1. Tina no cree que _hayan descuidado el jardín_.

2. Cortarán las ramas de los árboles cuando _haya pasado la luna llena_.

3. Plantarán flores cuando _haya terminado el invierno_.

4. A Eloy le parece muy bien que _Tina haya decidido plantar flores_.

5. A Tina le parece raro que _no haya empezado a llover_.

6. Eloy quiere que Tina lo llame cuando _haya dejado de llover_.

Español Santillana. Speaking and Listening Workbook. Unidad 7

Nombre: _____   Fecha: _____

17 El pronóstico del tiempo

▶ **Habla** con tu compañero(a). ¿Qué tiempo hará en las ciudades del mapa? Luego, digan qué tiempo meteorológico prefieren y a qué ciudades irían.

Modelo

En la Ciudad de México lloverá a cántaros.

18 Tu rutina

▶ **Habla** con tu compañero(a) sobre tu rutina diaria. Utiliza expresiones de tiempo con *cuando*, *antes de (que)* y *después de (que)*.

Modelo

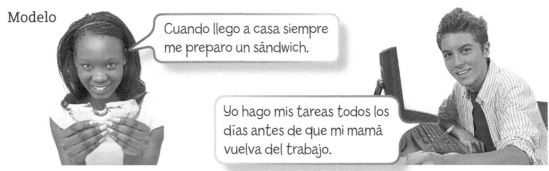

Cuando llego a casa siempre me preparo un sándwich.

Yo hago mis tareas todos los días antes de que mi mamá vuelva del trabajo.

19 Historias meteorológicas

▶ **Inventa** con tu compañero(a) dos historias a partir de los dibujos.
¿Cómo fue el día de cada protagonista?

Modelo

> Cuando Jaime salió por la mañana, el día estaba despejado.

> Hacía sol y Jaime se fue a montar en bici...

20 Un año en España

▶ **Habla** con tu compañero(a). Imaginen que un(a) amigo(a) ha pasado un año
en España. ¿Qué creen que ha hecho o no ha hecho durante ese tiempo?
Usen las expresiones del recuadro.

Modelo

> Espero que haya tomado el sol en las playas del Mediterráneo.

> Dudo que haya ido a esquiar a los Pirineos.

Espero que...
Ojalá que...
Dudo que...
No creo que...

Nombre: _____   Fecha: _____

21 **Desastres naturales**

▶ **Escucha** la información y marca con ✓ los desastres naturales que ocurrieron en El Salvador en 2005. Luego, escribe el nombre de cada desastre natural debajo de su imagen.

el huracán   la erupción   las inundaciones

el terremoto   el incendio   el alud

22 **Voluntaria en Haití**

▶ **Escucha** la conversación y completa las oraciones utilizando *por*, *porque* o *por eso*.

1. Rosa va a Haití _porque quiere ayudar a los haitianos_ .

2. Miles de personas perdieron sus casas _por el terremoto de 2010_ .

3. Rosa quiere pasar seis semanas en Haití _porque todavía hay que_

   reconstruir muchas cosas .

4. La pobreza de la población haitiana aumentó _por el desastre natural_ .

5. Lina cree que la decisión de Rosa es una idea excelente _porque tenemos_

   que ser solidarios y ayudar a las personas que lo necesitan .

23 **Los recursos naturales**

▶ **Escucha** la información y responde a las preguntas.

(ANSWERS WILL VARY)

1. ¿Cuales son los recursos naturales renovables?

   Los que no se agotan.

2. ¿Qué características tienen los recursos naturales no renovables?

   Tardan mucho en producirse y pueden llegar a agotarse.

3. ¿Qué podemos hacer para proteger y conservar los recursos naturales?

   No desperdiciar energía; es decir, utilizar el transporte público,

   apagar los electrodomésticos…

▶ **Escucha** otra vez y escribe los recursos naturales en el cuadro correcto.

la madera	el carbón	el gas natural	el viento
los metales	los minerales	la luz solar	el agua

Recursos naturales renovables	Recursos naturales no renovables
la madera	los metales
la luz solar	el carbón
el viento	los minerales
el agua	el gas natural

24 **Ayuda humanitaria**

▶ **Escucha** la conversación entre Silvia y Andrea. Luego, completa el resumen usando *por, porque, por eso* y la preposición *a* cuando sea necesario.

Silvia está preocupada __porque__ parece que ___a___ nadie le importa la sequía en Centroamérica. Andrea sabe que ___a___ la Cruz Roja le importa mucho __porque__ sus voluntarios están ayudando ___a___ la gente de esa región. Andrea le dice ___a___ Silvia que puede colaborar donando dinero o alimentos. __Por eso__, Silvia decide hablar con sus padres y llamar ___a___ sus amigos. Silvia y Andrea quieren ayudar ___a___ las personas que lo necesitan.

Nombre: _____   Fecha: _____

25 Sucesos

▶ **Habla** con tu compañero(a). Por turnos, identifiquen los desastres naturales que aparecen en las imágenes. ¿Qué sucesos de este tipo conocen? ¿Qué consecuencias tuvieron?

Modelo

> En 1998 el huracán Mitch causó graves inundaciones en Honduras.

> Sí, y hubo grandes pérdidas materiales y humanas.

26 La preposición a personal

▶ **Habla** con tu compañero(a). Por turnos, construyan oraciones tomando las personas del recuadro como objeto directo. Usen la preposición *a* personal.

Modelo *tu abuela*

> No llamé a mi abuela anoche.

> Pues yo visité a mi abuela el fin de semana pasado.

tu mejor amigo	*tus compañeros*	*tu familia*	*tu mascota*
tu profesor(a)	*un deportista*	*nadie*	*un cantante*

27 Causes y consecuencias

Answers Will Vary

▶ **Habla** con tu compañero(a). Por turnos, completen las oraciones añadiendo una causa o una consecuencia posible.

Modelo … *así que no salí de casa.*

> Ayer estaba enferma, así que no salí de casa.

1. Ayer hubo un incendio forestal muy grande en California…

2. Los campesinos no pudieron sembrar la cosecha…

3. El terremoto fue devastador…

4. … así es que se inundó la ciudad.

5. … por eso hubo olas gigantes.

6. … porque el volcán está en peligro de erupción.

28 Preguntas y respuestas

Answers Will Vary

▶ **Habla** con tu compañero(a). Por turnos, hagan y respondan a preguntas sobre causas y consecuencias a partir de las imágenes.

Modelo

> ¿Por qué están tan contentas las chicas?

> Están contentísimas porque ganaron el partido.

A

C

E

B

D

F

Español Santillana. Speaking and Listening Workbook. Unidad 7

Nombre: _____   **Fecha:** _____

29 **¡A reciclar!**

▶ **Escucha** la conversación e indica si las siguientes oraciones son ciertas (C) o falsas (F).

1. Paola está separando la basura antes de tirarla.   Ⓒ   F
2. Para reciclar la basura hay que separarla.   Ⓒ   F
3. El plástico y el vidrio deben ir en el mismo contenedor. C   Ⓕ
4. La basura orgánica debe separarse de los materiales reciclables. Ⓒ   F
5. Cuando reciclamos, ayudamos a la economía del país.   Ⓒ   F
6. Los recursos naturales se agotan porque reciclamos.   C   Ⓕ
7. Reciclar contamina el medio ambiente.   C   Ⓕ
8. Las tres «R» son reciclar, reducir y reutilizar.   Ⓒ   F

30 **Conversaciones sobre el tiempo**

▶ **Escucha** las conversaciones y elige la opción correcta para completar cada oración.

1. Si sigue lloviendo así, Raúl y Gabi no _____podrán_____ ir al cine.
   ⓐ podrán   b. podrían   c. pudieron

2. Raúl y Gabi irán al cine _____cuando_____ ya no llueva.
   a. antes de que   b. después de que   ⓒ cuando

3. Andrés dice que va a haber _____una tormenta_____.
   ⓐ una tormenta   b. un chubasco   c. una nevada

4. Siempre llueve _____cuando_____ los chicos quieren jugar al fútbol.
   a. porque   b. por eso   ⓒ cuando

5. Si hay _____truenos_____ es peligroso jugar al fútbol.
   a. sol   ⓑ truenos   c. arco iris

6. Los chicos llegarán a casa antes de que _____empiece_____ a llover.
   a. empieza   b. empezaría   ⓒ empiece

7. Carla le dice a Pedro que el día está _____despejado_____.
   a. nuboso   ⓑ despejado   c. lluvioso

8. Pedro duda que _____haya dejado_____ de llover.
   ⓐ haya dejado   b. hayan dejado   c. hayas dejado

31 Amenazas al medio ambiente

▶ **Escucha** y relaciona para formar oraciones correctas de acuerdo con el diálogo.

Ⓐ

1. Si todos fuéramos responsables,
2. Si todos recicláramos,
3. Si los gobiernos fueran más estrictos con las compañías,
4. Si la contaminación aumenta,
5. Si sube la temperatura de los océanos,
6. Si no cuidamos el medio ambiente,

Ⓑ

a. los desastres naturales serán peores.
b. los recursos naturales no se agotarían.
c. el calentamiento global también aumenta.
d. los ciclones aumentan su fuerza.
e. las compañías respetarían más los ecosistemas.
f. habría menos contaminación.

▶ **Escribe** cuatro cosas que se pueden hacer para proteger el medio ambiente.

ANSWERS WILL VARY

Separar la basura y reciclar.

32 El huerto familiar

▶ **Escucha** la conversación y completa la tabla indicando el momento en el que debe realizarse cada tarea y quién es el responsable de hacerla.

TAREA	MOMENTO	RESPONSABLE
1. sembrar las semillas	Cuando se hayan secado.	Fernando
2. regar las plantas	Cuando hayan sembrado las semillas.	Lucía
3. comprobar que no haya insectos	Cuando hayan salido las primeras hojas.	José
4. plantar las plantas en el huerto	Antes de que hayan salido todas las hojas.	Laura
5. invitar a los vecinos	Cuando las plantas hayan dado su fruto.	Mariano y Laura

Nombre: _____   Fecha: _____

33 ¿Qué quieres comprar?

▶ **Habla** con tu compañero(a). ¿Qué harían si mañana o el fin de semana hiciera el tiempo de las imágenes? Usen oraciones condicionales.

Modelo

> Si mañana hace sol, jugaré al baloncesto con mis amigos.

> Si mañana hiciera sol y no tuviera clase, iría a la playa.

A

C

E

B

D

F

34 Me alegra que...

▶ **Habla** con tu compañero(a). Por turnos, construyan tres oraciones con cada una de estas expresiones. Usen el presente perfecto de subjuntivo.

Modelo

> Dudo que mi hermano haya terminado su tarea.

> No creo que mis padres hayan llegado a casa.

| Dudo que... | No creo que... | Me alegra que... | Me sorprende que... |

35 ¿Por qué es importante?

▶ **Habla** con tu compañero(a) sobre las siguientes acciones. ¿Por qué son importantes? ¿Opinas lo mismo que tu compañero(a)?

Modelo *usar energías alternativas*

> Es importante usar energías alternativas para que no se agoten los recursos naturales.

prevenir la deforestación	disminuir la contaminación	proteger los recursos naturales
respetar las especies protegidas	fomentar el ahorro de energía	luchar contra el cambio climático

36 Tu turno

▶ **Habla** con tu compañero(a). ¿Qué puedes hacer en casa, en la escuela y en tu comunidad para proteger el medio ambiente? Escribe primero algunas ideas y luego compártelas con tu compañero(a).

Modelo

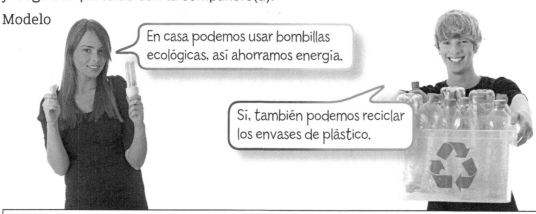

> En casa podemos usar bombillas ecológicas, así ahorramos energía.

> Sí, también podemos reciclar los envases de plástico.

En casa	En la escuela	En tu comunidad

Español Santillana. Speaking and Listening Workbook. Unidad 7

Nombre: .... Fecha: ....

HISTORIA, POLÍTICA Y SOCIEDAD

1 **El Señor de Sipán**

▶ **Escucha** la información e indica si las siguientes afirmaciones son ciertas (C) o falsas (F).

1. La tumba del Señor de Sipán fue descubierta en Guatemala. C (F)

2. Walter Alva fue un gobernante peruano. C (F)

3. Este descubrimiento de la tumba del Señor de Sipán tiene un gran valor arqueológico. (C) F

4. El Señor de Sipán fue un rey de la civilización inca. C (F)

5. Los objetos mochicas encontrados pueden verse en una escuela de Sipán. C (F)

6. La tumba del Señor de Sipán es anterior a la civilización inca. (C) F

7. En el museo de Lambayeque puede visitarse la tumba del Señor de Sipán. (C) F

8. El edificio del museo recuerda a las pirámides aztecas. C (F)

2 **Los wayuus**

▶ **Escucha** la información y completa las oraciones con las palabras del recuadro.

artesanía	conflictos	indígena	normas	sociedad	tejidos

1. Los wayuus son el pueblo _____indígena_____ más numeroso de Colombia y de Venezuela.

2. Los wayuus se dedican a la pesca, al comercio y a la _____artesanía_____.

3. Los indígenas wayuus elaboran hermosos _____tejidos_____.

4. El «palabrero» resuelve los _____conflictos_____ de la _____sociedad_____ wayuu.

5. El sistema de _____normas_____ de los wayuus fue declarado por la UNESCO Patrimonio Cultural Inmaterial de la Humanidad.

Conversaciones

▶ **Escucha** los diálogos y elige la oración correcta en cada caso.

1. a. Usted trabaja en esta oficina
   b. ¿Usted trabaja en esta oficina?
   c. ¡Usted trabaja en esta oficina!

2. a. Estarás fuera mucho tiempo.
   b. ¿Estarás fuera mucho tiempo?
   c. ¡Estarás fuera mucho tiempo!

3. a. Cuando terminó su tarea.
   b. ¿Cuándo terminó su tarea?
   c. ¡Cuándo terminó su tarea!

4. a. Te gustaría venir.
   b. ¿Te gustaría venir?
   c. ¡Te gustaría venir!

5. a. Te gusta.
   b. ¿Te gusta?
   c. ¡Te gusta!

6. a. Voy a llegar tarde.
   b. ¿Voy a llegar tarde?
   c. ¡Voy a llegar tarde!

4 Emociones

▶ **Escribe** oraciones. ¿Qué pueden estar diciendo estas personas? Después, léelas en voz alta. Asegúrate de que las pronuncias con la entonación correcta.

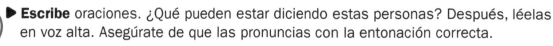

1.  ¡Ya estoy de vacaciones!

3.

2.

4.

5 Cadena expresiva

▶ **Habla** con tus compañeros(as). Cada uno debe decir tres oraciones: una afirmación, una pregunta y una exclamación. Escucha el modelo y cuida tu entonación.

Modelo

Me encanta estudiar Geografía.

¿Qué asignatura te gusta más?

¡Suerte en el examen!

Nombre: ....   Fecha: ....

6   **La arqueología**

▶ **Escucha** la información e indica si las siguientes afirmaciones son ciertas (C) o falsas (F). Luego, corrige las afirmaciones falsas.

1. La arqueología es la ciencia que estudia los planetas.   C   Ⓕ

    La arqueología estudia los pueblos y las civilizaciones pasadas.

2. Los arqueólogos realizan excavaciones para buscar oro.   C   Ⓕ

    Realizan excavaciones para buscar ruinas y examinar los restos hallados.

3. Los arqueólogos quieren saber cómo será la vida en el futuro.   C   Ⓕ

    Los arqueólogos quieren reconstruir la vida cotidiana pasada.

4. La arqueología ayuda a explicar la historia.   Ⓒ   F

    _____

5. A la arqueología solo le interesan los restos de edificaciones.   C   Ⓕ

    A la arqueología le interesan todo tipo de restos.

ANSWERS WILL VARY

▶ **Responde.** ¿Qué aspectos de la arqueología te parecen más interesantes?

    El hecho de reconstruir la vida cotidiana de las antiguas civilizaciones.

7   **Un viaje a Machu Picchu**

▶ **Escucha** y relaciona las dos columnas para formar oraciones correctas de acuerdo con la conversación.

Ⓐ

1. Machu Picchu fue
2. Machu Picchu está
3. Algunos arqueólogos piensan que Machu Picchu fue
4. Pachacútec fue
5. Sara ha leído que Machu Picchu fue
6. Muchos historiadores consideran que Machu Picchu fue
7. Machu Picchu es
8. Las ruinas de Machu Picchu fueron

Ⓑ

a. en los Andes, en el sur de Perú.
b. el primer emperador inca.
c. declaradas una de las siete maravillas del mundo moderno.
d. usado como santuario religioso.
e. una ciudad construida por los incas a mediados del siglo XV.
f. construido como residencia de descanso para el emperador.
g. considerado una obra maestra de la arquitectura.
h. palacio y santuario a la vez.

8 Ciudad Perdida

▶ **Escucha** la información y completa las oraciones con los verbos del recuadro en la forma correcta. Utiliza la voz pasiva cuando sea necesario.

construir	descubrir	diseñar	excavar
ser	proponer	trabajar	vivir

1. Ciudad Perdida ___fue descubierta___ en la década de 1970.

2. Los arqueólogos creen que Ciudad Perdida ___era___ un centro político y económico en el que ___vivieron___ entre dos mil y ocho mil personas.

3. Los constructores de Ciudad Perdida ___excavaron___ terrazas en la ladera de la montaña. También ___construyeron___ varias plazas circulares y una red de carreteras.

4. Desde 2009, Global Heritage Fund (GHF) ___ha trabajado___ para proteger Ciudad Perdida. El plan para restaurar sus tesoros arqueológicos ___ha sido diseñado___ por esta organización.

5. Los miembros de GHF ___han propuesto___ que las comunidades indígenas participen en la conservación de Ciudad Perdida.

9 Civilizaciones de las Américas

▶ **Escucha** la información y responde las preguntas. Usa el imperfecto y el pluscuamperfecto cuando sea necesario.

1. ¿De qué vivían la mayoría de los pueblos de América antes de la llegada de los españoles?

   Vivían de la agricultura, la caza y la pesca.

2. ¿Qué característica común tenían muchos de esos pueblos de América?

   Muchos eran nómadas.

3. ¿Qué ayudó al crecimiento de los pueblos azteca, inca y maya?

   Que estaban organizados en sociedades y que habían desarrollado

   técnicas agrícolas avanzadas.

4. ¿Cómo eran las ciudades que construyeron los aztecas, los incas y los mayas?

   Eran complejas y estaban organizadas alrededor del centro

   ceremonial o del templo.

Nombre: _____   **Fecha:** _____

 10 **Conquistadores y arqueólogos**

> ▶ **Habla** con tu compañero(a). Por turnos, formen oraciones relacionadas con las imágenes. Usa las palabras del recuadro.
>
> Modelo

Cristóbal Colón llegó a América en 1492...

conquistador	conquista	arqueólogo	restaurar
explorador	invasión	excavaciones	ruinas
guerra	invadir	excavar	reconstruir
batalla	imperio	civilización	época

 11 **Acontecimientos históricos**

> ▶ **Habla** con tu compañero(a). Por turnos, formen oraciones en voz pasiva con los elementos de la tabla. Luego, añadan sus propias oraciones. ¡No deben pasar turno!

SUJETO	VERBO (SER + PARTICIPIO PASADO)	POR + AGENTE
1. las Américas	descubrir	Cristóbal Colón
2. México	habitar	mayas y aztecas
3. Chile y Perú	liberar	José de San Martín
4. España	ocupar	árabes del norte de África
5. ruinas	estudiar	arqueólogos
6. batallas	reconstruir	historiadores

12 Ocurrió en América

▶ **Representa** con tu compañero(a) una entrevista con uno de los exploradores europeos que llegaron a América a partir de 1492. Luego, representa una entrevista a un nativo(a) que vivió la llegada de los exploradores. Usen estas preguntas como guía. Cambien de papel.

Modelo

¿Cómo te llamas y cuándo llegaste a América?

Me llamo Rodrigo Alvarado y llegué a América en octubre de 1492.

Preguntas para el/la explorador(a)

1. ¿Cómo y cuándo llegaste a América?
2. ¿Qué fue lo primero que viste?
3. ¿A qué país o región de América llegaste?
4. ¿Había personas en aquel lugar?
5. ¿Qué hiciste cuando llegaste?
6. ¿Qué comiste? ¿Dónde dormiste?

Preguntas para el/la nativo(a)

1. ¿Dónde estabas cuando llegaron los exploradores?
2. ¿Estabas solo(a) cuando llegaron?
3. ¿Qué estabas haciendo?
4. ¿Qué hiciste cuando los viste?
5. ¿Cómo eran? ¿Qué ropa llevaban?
6. ¿Qué pensaste sobre aquellas personas?

13 Activas y pasivas

▶ **Juega** con tu compañero(a). Por turnos, digan oraciones para que él o ella las transforme. Las activas deben pasarse a voz pasiva y las pasivas a voz activa. Primero, piensa y escribe las oraciones.

Modelo

Los arqueólogos descubrieron las ruinas incas.

Las ruinas incas fueron descubiertas por los arqueólogos.

Oraciones en voz activa

_____

_____

Oraciones en voz pasiva

_____

_____

Nombre: ....   Fecha: ....

14   El sistema político español

▶ **Escucha** la información e indica si las siguientes afirmaciones son ciertas (C) o falsas (F).

1. Todos los españoles deben obedecer la Constitución de 1978.   Ⓒ   F
2. En España hay una monarquía constitucional.   Ⓒ   F
3. El rey de España gobierna el país.   C   Ⓕ
4. Los miembros del Parlamento son elegidos cada ocho años.   C   Ⓕ
5. El Parlamento es el encargado de elaborar las leyes.   Ⓒ   F
6. Los jueces y los tribunales de justicia forman el Parlamento.   C   Ⓕ
7. El presidente y los ministros forman el gobierno.   C   Ⓕ
8. El gobierno se encarga de hacer que se cumplan las leyes.   C   Ⓕ

15   Noticias políticas

▶ **Escucha** las noticias y numera los eventos en el orden en el que ocurrieron.

___3___ a. Miguel García dejó de apoyar al partido socialista.

___4___ b. García ha presentado su campaña como candidato independiente.

___6___ c. El exgobernador invitó a sus electores a que sigan apoyándolo.

___5___ d. El candidato lleva tres días recorriendo diferentes barrios.

___2___ e. García empezó a alejarse del partido socialista.

___1___ f. El partido socialista fue derrotado en las elecciones municipales.

▶ **Escucha** otra vez y responde a las preguntas.

1. ¿Qué cargo político ocupó Miguel García en el pasado?

   Fue gobernador.

2. ¿A qué partido político apoyaba antes Miguel García?

   Apoyaba al partido socialista.

3. ¿Qué cargo político quiere ocupar Miguel García?

   Quiere ser diputado.

4 ¿Qué promete Miguel García en su campaña?

   Promete mejorar la educación y la salud pública, favorecer el empleo

   y mejorar el estado de la ciudad para atraer de nuevo el turismo.

16 Un debate sobre política

▶ **Escucha** el debate y elige la mejor opción para completar cada oración.

1. El debate es...
   a. sobre los deberes de los ciudadanos.
   (b.) sobre el voto obligatorio en la democracia.
   c. sobre la libertad de las personas.

2. El voto es obligatorio...
   (a.) en 30 países del mundo.
   b. en 13 países del mundo.
   c. en 30 países hispanohablantes.

3. Alicia opina que...
   (a.) el voto es un deber de cada ciudadano.
   b. el voto no debe ser obligatorio.
   c. los ciudadanos no votan por indiferencia.

4. Andrés opina que...
   a. el voto obligatorio favorece la democracia.
   (b.) el voto obligatorio no es adecuado.
   c. los gobernantes no deben ser elegidos por los ciudadanos.

▶ **Escribe** tu opinión. ¿Crees que el voto obligatorio favorece la democracia?

 Sí, creo que se debe asegurar la participación de todos los ciudadanos

 en la elección de su gobierno.

---

17 Una larga jornada

▶ **Escucha** la conversación y completa las oraciones con las palabras del recuadro.

ciudadanos	parlamento	presidente	votar
democrático	participar	votación	votos

1. Ayer se celebraron elecciones para formar un nuevo ____parlamento____.

2. La ____votación____ empezó a las nueve y miles de ____ciudadanos____
   fueron a ____votar____ durante todo el día.

3. Carolina acabó de contar los ____votos____ a las doce de la noche.

4. El ____presidente____ de la mesa electoral los felicitó a todos.

5. Para Carolina es muy importante ____participar____ en los procesos
   electorales y Martina está contenta de vivir en un país ____democrático____.

Nombre: ....   **Fecha:** ....

18 **¿Qué sabes de política?**

▶ **Habla** con tu compañero(a). Por turnos, hagan y respondan a las preguntas.

Modelo

> El alcalde de mi ciudad es del partido demócrata.

1. ¿Quién gobierna en tu ciudad? ¿A qué partido pertenece?
2. ¿Quién dirige el estado en el que vives? ¿Es del mismo partido que el presidente del país?
3. ¿Cómo se llama el documento donde están escritas las normas más importantes del país?
4. ¿Quiénes son los encargados de elaborar las leyes en tu país?
5. ¿Qué países con monarquía constitucional conoces?
6. ¿Qué países no democráticos conoces?
7. ¿Qué gobernantes de países hispanos conoces?
8. ¿Te parece importante la política? ¿Por qué?

19 **Gente con poder**

▶ **Habla** con tu compañero(a). Por turnos, creen oraciones con estos términos. Usen las expresiones del recuadro.

Modelo

> El presidente lleva tres años gobernando el país.

empezar a + infinitivo
seguir + gerundio
dejar de + infinitivo
acabar de + infinitivo
llevar + gerundio

el gobernador

la reina

el diputado

el parlamento

el presidente

los ciudadanos

los demócratas

el príncipe

los republicanos

20 **Elecciones en la escuela**

▶ **Habla** con tu compañero(a). Imaginen que van a votar en las elecciones de la escuela. Por turnos, hagan y respondan a preguntas relacionadas con las elecciones usando *para qué*, *por qué* y *dónde* + indicativo.

Modelo

¿Para qué necesitas ese folleto?

Para informarme sobre los candidatos.

▶ **Habla** con tu compañero(a). Tras las elecciones, están conversando sobre los candidatos y los posibles resultados de las votaciones. Por turnos, digan oraciones usando las estructuras *estoy seguro(a) de que* y *yo creo que* + indicativo.

Modelo

¡Estoy seguro de que Lucía será la ganadora!

Yo creo que Carmen tiene un mejor plan de gobierno.

▶ **Habla** con tu compañero(a) sobre los resultados de las elecciones. Por turnos, digan oraciones usando estructuras con *cuando*, *después de que*, *a lo mejor* y *aunque* + indicativo.

Modelo

Aunque mi candidata no ganó, estoy satisfecha con los resultados.

A lo mejor Lucía hace un buen trabajo...

Nombre: ....   **Fecha:** ....

21 **En sociedad**

▶ **Escucha** la conversación y relaciona cada término con su explicación.

(A)

1. sociedad multicultural

2. mestizaje

3. herencia cultural

4. solidaridad

(B)

a. Ayudar a las personas cuando lo necesitan.

b. Sociedad en la que conviven personas de diferentes culturas.

c. Valores y costumbres culturales que se transmiten de generación en generación.

d. Mezcla de personas de diferentes culturas.

22 **Inmigración a Latinoamérica**

▶ **Escucha** la información y completa el texto con las palabras del recuadro.

sociedades	deberes	diversidad	derechos	identidad
inmigración	respeto	integración	mestizaje	justicia

1. La ___diversidad___ étnica y el ___mestizaje___ en Latinoamérica son consecuencias de la ___inmigración___ .

2. Los inmigrantes chinos en Cuba y Perú y sus descendientes adquirieron, con el tiempo, plenos ___derechos___ y ___deberes___ ciudadanos.

3. La integración de los sirios, libaneses y palestinos en las ___sociedades___ de los países de acogida (*host countries*) fue muy exitosa y muchos conservaron su ___identidad___ cultural.

4. El ___respeto___ por las normas de convivencia es clave para la ___integración___. Esto permitió que los inmigrantes fueran tratados con ___justicia___ y vivieran en condiciones de igualdad.

▶ **Responde.** ¿Cómo ha influido la inmigración en la sociedad y la cultura latinoamericanas?

___La inmigración ha provocado una diversidad étnica y un mestizaje___

___que han contribuido al desarrollo económico y cultural de la sociedad___

___latinoamericana.___

23 **Una conferencia interesantísima**

▶ **Escucha** la conversación y completa las oraciones con el artículo apropiado.

1. Alejandra quiere __el__ cuaderno que está encima de __la__ mesa.

2. En __el__ cuaderno están __las__ notas que Alejandra tomó en __una__ conferencia.

3. __La__ conferencia fue sobre __la__ tolerancia, __la__ diversidad y __la__ igualdad.

4. Esta conferencia fue en una de __las__ salas principales de __la__ Biblioteca Nacional y fue impartida (*given*) por __un__ profesor de __la__ Universidad Central. Parece que es __un__ profesor muy famoso.

5. Verónica estuvo en __una__ ponencia de __una__ profesora de Antropología sobre mestizaje.

6. Para Alejandra, la conferencia fue __una__ experiencia inolvidable. __El__ conferenciante (*lecturer*) le pareció __un__ profesor excelente y __los__ temas le parecieron interesantísimos.

7. Verónica quiere __los__ datos para poder ir __la__ próxima vez.

24 **Una escuela diferente**

▶ **Escucha** el diálogo y completa las oraciones.

1. A Valentina le alegra que _Quique se interese por su proyecto_ .

2. Se considera que una lengua indígena corre el riesgo de desaparecer cuando _en la comunidad no hay niños que la hablen_ .

3 Es necesario que _los ancianos enseñen su lengua a los niños antes de que desaparezca_ .

4. Muchos padres no están seguros de que _los niños necesiten aprender la lengua nativa_ .

5. El equipo de Valentina trabaja para que _los alumnos lleven con orgullo su herencia cultural_ .

Nombre: ....   **Fecha:** ....

25 Nuestra sociedad

▶ **Habla** con tu compañero(a). Por turnos, digan al menos cinco oraciones relacionadas con temas sociales. Usen las palabras del recuadro.

Modelo

El respeto a los demás es fundamental para vivir en paz.

Nuestra herencia cultural es parte de nuestra identidad.

diversidad	sociedad	tolerancia	respeto	multicultural
derechos	justicia	pluralidad	paz	integración
igualdad	deberes	mestizaje	etnias	convivencia
identidad	libertad	solidaridad	normas	herencia cultural

26 Opiniones

▶ **Habla** con tu compañero(a). Por turnos, reaccionen a las siguientes opiniones. ¿Están de acuerdo con ellas? Usen el subjuntivo.

Modelo: *Es importante buscar soluciones diplomáticas a los conflictos.*

Estoy de acuerdo. Es importante que nuestros gobernantes busquen soluciones diplomáticas y trabajen por la paz.

1 Es urgente elaborar leyes contra la intolerancia.

2 Es terrible encontrar personas intolerantes.

3 La educación no es tan necesaria para los pobres.

4 Es difícil integrarse en una nueva sociedad.

5 Es importante respetar la identidad de las minorías.

6 Es fácil exigir los derechos sin cumplir los deberes.

7 Conservar la identidad cultural causa problemas.

8 Una sociedad multicultural es más rica.

27 **Historias**

 ▶ **Inventa** con tu compañero(a) una breve historia para cada imagen. Luego, compartan sus historias con el resto de la clase.

Modelo

> La familia de Li emigró a los Estados Unidos en 1980. Los principios no fueron fáciles, pero se integraron bien en la sociedad americana. Ellos mantienen su cultura y sus tradiciones y cada año celebran la fiesta del Año Nuevo Chino.

28 **¿Y tú?**

▶ **Habla** con tres compañeros(a) sobre tus deseos, preferencias y sentimientos. Usa las expresiones del recuadro.

Modelo

> Me alegra que a mis amigos les haya salido bien el examen de Español.

Me alegra que...	Deseo que...
Me encanta que...	Me molesta que...
Me divierte que...	Me asusta que...

154   Español Santillana. Speaking and Listening Workbook. Unidad 8

Nombre: .... **Fecha:** ....

29 Día de elecciones

▶ **Escucha** la conversación e indica si las siguientes afirmaciones son ciertas (C) o falsas (F).

1. Rebeca está cansada porque ayer estudió hasta muy tarde.	C	(F)
2. Rebeca acaba de llegar de hacer deporte.	C	(F)
3. Hay elecciones para gobernador de la ciudad.	C	(F)
4. Rebeca ha votado al candidato del partido socialista.	C	(F)
5. Ana salió de casa muy temprano para votar.	C	(F)
6. Ana apoya al candidato del partido republicano.	(C)	F
7. Para Rebeca, lo importante es defender sus ideas políticas.	C	(F)

30 Modos

▶ **Escucha** las oraciones y marca si están en indicativo o en subjuntivo. Luego, escribe si expresan duda, certeza, probabilidad, opinión, sentimiento, lugar o dificultad.

	INDICATIVO	SUBJUNTIVO	¿QUÉ EXPRESA?
1.	✓		certeza
2.	✓		opinión
3.	✓		lugar
4.		✓	duda
5.		✓	dificultad
6.		✓	opinión
7.	✓		probabilidad
8.		✓	sentimiento
9.	✓		probabilidad
10.		✓	sentimiento

▶ **Escribe** una oración más en indicativo y otra en subjuntivo.

Indicativo _Estoy seguro de que seguiré estudiando español._

Subjuntivo _Aunque me cueste, conseguiré hablar muy bien español._

31 **La tumba de Atahualpa**

▶ **Escucha** la conversación y responde a las preguntas.

1. ¿Quién fue Atahualpa?

   Fue el último emperador inca.

2. ¿Quién fue Francisco Pizarro?

   Fue el conquistador español del imperio inca.

3. ¿Dónde se supone que fue enterrado Atahualpa y por quién?

   Se supone que fue enterrado por los españoles en un lugar del norte de Perú.

4. ¿Dónde ha sido descubierta la tumba de Atahualpa?

   En un monumento que está cuarenta millas al sur de Quito.

5. ¿Cómo pueden saber los arqueólogos si es la tumba de Atahualpa o no?

   Quizá hayan encontrado algunos restos, como joyas u otros objetos

   ceremoniales, que lo indiquen.

6. ¿Qué le recomienda a Roberto su padre?

   Que investigue y lea sobre el tema.

▶ **Escucha** de nuevo y resume la noticia sobre el descubrimiento de la tumba de Atahualpa. Usa la voz pasiva. Escribe un título e ilustra tu resumen con un dibujo o una fotografía.

Descubierta al fin la tumba de Atahualpa

Tras años de suposiciones y búsquedas

infructuosas, la arqueóloga Tamara

Estupiñán afirma haber encontrado al fin

la tumba de Atahualpa, el último emperador inca.

El descubrimiento ha tenido lugar en unas ruinas situadas

a unas cuarenta millas al sur de Quito.

Nombre: ....   **Fecha:** ....

32 Fue hecho

▶ **Habla** con tu compañero(a). Por turnos, transformen estas oraciones usando la voz pasiva en pasado. Escriban dos oraciones más en presente y transfórmenlas también.

Modelo

> Las leyes fueron elaboradas por el Parlamento.

1. El Parlamento elabora las leyes.
2. Los turistas visitan las ruinas mayas.
3. Los exploradores españoles descubren la isla.
4. Los ciudadanos eligen al presidente del gobierno.
5. El alcalde gobierna la ciudad.
6. Los senadores representan a los ciudadanos.
7. El Parlamento elabora y aprueba las leyes.
8. Los arqueólogos realizan excavaciones.

9. _____

10. _____

33 Grandes acontecimientos

▶ **Habla** con tu compañero(a). Estos eventos originaron grandes cambios en la sociedad. ¿Cómo era la sociedad antes de que ocurrieran? ¿Cómo es en la actualidad?

Modelo

> Antes de que las mujeres tuvieran derecho al voto, solo los hombres podían elegir y ser elegidos.

> Hoy en día las mujeres tienen plenos deberes y derechos civiles.

el derecho al voto de las mujeres	la revolución industrial
el movimiento por los derechos civiles en los Estados Unidos	la Declaración Universal de los Derechos Humanos
la llegada del hombre a la Luna	el uso de Internet y las redes sociales

34 **Inmigración y sociedad**

▶ **Lee** este artículo y habla con tu compañero(a). Usa las preguntas como guía.

1. ¿Qué tienen en común los protagonistas del artículo?

2. ¿Cuál es la experiencia de Juan y de Javier en los Estados Unidos? Resúmela con tus palabras.

3. ¿Qué es lo que más valora cada uno de ellos de la sociedad y el carácter estadounidense? ¿Compartes sus opiniones?

4. ¿Qué aportan Juan y Javier a la sociedad y a la cultura estadounidenses?

Desde este lado, desde el otro lado

Juan Verde. 39 años. Secretario de Estado adjunto del Gobierno de Obama

Soy canario; mis padres me mandaron a estudiar con 15 años un verano a Estados Unidos y llevo en el país más de dos décadas. Siempre me interesó la política. Por eso, mientras estudiaba, empecé a trabajar como voluntario en el Partido Demócrata. Lo hice desde abajo, pegando carteles, y desde entonces he trabajado para los Kennedy, Bill y Hillary Clinton, Al Gore… He aprovechado las oportunidades que me ha dado la vida, en un país en el que el esfuerzo y el trabajo se aprecian y recompensan. Un país en el que el fracaso (*failure*) se ve como parte del camino: te levantas y vuelves a comenzar. Un lugar en el que no se mira de dónde vienes, sino dónde eres capaz de llegar, y en el que el tesón (*tenacity*) y los méritos son los que te hacen alcanzar tus metas.

Javier Oliván. 34 años. Responsable de *marketing* internacional de Facebook

Llegué a los Estados Unidos hace seis años. Decidí trasladarme a este país para estudiar un Máster en Administración de Empresas en la Universidad de Stanford, en Palo Alto (California). Cuando vine a América descubrí Facebook, y durante mis años estudiando conocí a varios miembros del equipo. Al terminar el máster supe que Facebook buscaba a una persona para su división internacional y entré a trabajar en la empresa. Para mí lo más positivo de mi vida en Estados Unidos es el trabajo y las oportunidades profesionales que te brinda este país. Los norteamericanos son gente práctica, trabajadora y competitiva.

El País Semanal, 3/7/2011. Texto adaptado.

Audio Scripts

1. Hispanoamérica

Hispanoamérica es una región cultural formada por los países americanos que hablan español. Un elemento central de la identidad cultural hispanoamericana es el mestizaje y la mezcla de culturas. Esto le aporta a la región una gran riqueza cultural que puede apreciarse en sus edificaciones, su cocina, sus artesanías y muchas otras manifestaciones culturales. En Hispanoamérica viven unos trescientos setenta y cinco millones de personas. Las ciudades más pobladas de la región son Ciudad de México, Buenos Aires, Bogotá, Lima y Santiago de Chile.

2. Vocales

1. clase
2. tarea
3. semana
4. parque
5. amarillo
6. Ecuador
7. ejercicio
8. vacaciones
9. verduras
10. botella
11. ayer
12. estudiar

4. Palabras que riman

1. pato
2. viento
3. flor
4. carta
5. ventana
6. montañas

5. Un poema

Lo que pasó con la puerta
Fue a parar la puerta
de mi habitación
¡ay! a la cubierta
de una embarcación.
Pues tiene su lógica
—me explicó un marino—:
la puerta está loca
por su masculino.
—¿Cómo? —dije yo—.
¡No podía ser cierto!
¿Que la puerta huyó
en busca del puerto?

6. El cumpleaños de Jimena

–Buenos días, Lorenzo.
–Hola, Marta. ¿Qué estás haciendo?
–Estoy buscando un regalo para mi prima Jimena. Hoy es su cumpleaños.
–¿Y va a hacer una fiesta?

–¡Sí! Su familia está preparando todo. Mi tía Lucero está comprando cosas y mi tío José está adornando la sala. Mi abuela María está haciendo una torta y mis primos Nacho y Lola están limpiando la casa. Nacho está sacudiendo el polvo y Lola está pasando la aspiradora. Y Jimena está llamando a sus amigos... ¿Quieres venir a la fiesta? Estás invitado.
–¡Qué bien! ¡Gracias! Estoy escribiendo un ensayo para mi clase de Español y tengo que terminarlo esta tarde. Pero cuando termine, iré a la fiesta. Creo que voy a regalarle un libro.
–Buena idea. ¡Nos vemos allí! ¡Y suerte con tu tarea!

7. La carta de Sara

Querida Amanda:
¿Cómo estás? Por aquí todos estamos bien. Yo estudio mucho para sacar buenas notas y por las tardes trabajo en la biblioteca. Mi hermano Joaquín trabaja en la biblioteca también. Los dos tenemos que ahorrar dinero para la universidad. El trabajo en la biblioteca me gusta y mis compañeros son muy amables. No tengo mucho tiempo libre, pero estoy contenta.
El resto de la familia está bien. Mamá y papá están muy ocupados con la nueva oficina. Todos los días tienen que revisar documentos y escribir informes. Papá dice que tienen muchísimos clientes.
¿Te acuerdas del libro de aventuras que me regalaste? Lo estoy leyendo y me encanta. Todas las noches leo un capítulo antes de dormir.
¿Cuándo vienes a visitarnos? Todos te extrañamos mucho. Si necesitas dinero para el viaje, no te preocupes: yo puedo prestártelo.
Espero tu respuesta, escríbeme pronto.
Te quiero mucho.
Sara

8. El restaurante nuevo

–Hola, Catalina. Te llamé el martes pasado y no te encontré.
–Hola, Mauricio. Sí, el martes salí a cenar con Andrés y Rocío.
–¡Qué bien! ¿Dónde cenaron?
–En el restaurante nuevo que abrió la familia de Felipe en el centro de la ciudad.
–¿Y te gustó?
–¡Me encantó! Felipe fue muy amable y nos atendió muy bien. Comí ensalada y arroz con pollo.

Español Santillana. Speaking and Listening Workbook. Teacher's Annotated Edition

161

–Tengo ganas de ir a ese restaurante. ¿Y de postre? ¿Pidieron postre?

–Sí, yo pedí helado de fresa. Andrés y Rocío comieron una torta de chocolate deliciosa.

–¡Qué rica!

9. ¿Quién hizo qué?

–Hola, Luis. ¿Cómo estás? ¿Cómo te fue en la semana de vacaciones?

–¡Hola, Sebastián! Me fue muy bien. Tuve tiempo para descansar y para hacer muchas cosas: leí mucho, vi varias películas en el cine, fui a la playa y salí a montar en bicicleta. ¿Y tú, qué hiciste?

–Yo jugué al fútbol con mis amigos y fui de excursión al campo. Y también ordené mi cuarto. Mi mamá se puso tan contenta cuando vio mi cuarto ordenado que me compró un regalo. ¡Fue una semana maravillosa!

14. Un viaje a la montaña

–Hola, Milena, ¿qué tal? ¿De dónde vienes?

–Hola, Julia. Vengo del médico. No me siento bien. El médico me dijo que tengo que descansar y que debo ir a la montaña para respirar aire puro. ¿Qué te parece?

–Me parece muy buen consejo. Tienes que comprar un boleto de autobús y preparar tu equipaje.

–Pero… ¿qué voy a hacer yo en la montaña?

–¡Muchas cosas! Puedes caminar, tomar el sol y disfrutar del paisaje.

–¿Y por las noches qué hago?

–Pues leer libros interesantes, ver la televisión… ¡y mirar las estrellas!

–Bueno, creo que seguiré tus consejos. Me voy a la montaña. ¡Muchas gracias!

15. Una encuesta telefónica

–¿Diga?

–Buenas tardes, señora Ramírez. Mi nombre es Juan Ramos y trabajo para la cadena de tiendas Cleo. Estamos haciendo una encuesta. ¿Puedo hacerle algunas preguntas, por favor?

–Sí, claro. Dígame.

–¿Su nombre completo es Natalia Ramírez?

–Sí.

–¿Y cuál es su dirección? ¿Calle del Olmo, número 1439?

–Correcto.

–¿Cuándo compró en una tienda Cleo por última vez?

–Hace aproximadamente dos semanas.

–¿Desde cuándo compra en las tiendas Cleo?

–Desde hace cinco años.

–¿Qué tienda Cleo prefiere?

–Me gusta la del parque Gaviotas.

–¿Y por qué prefiere esa tienda?

–Porque siempre está organizada.

–¿Cómo califica usted nuestro servicio: deficiente, satisfactorio o excelente?

–Excelente.

–Muchas gracias por su atención, señora Ramírez. Que tenga usted un buen día.

–Buen día.

16. Instrucciones para un cambio de clase

–Buenas tardes. Soy estudiante del último curso y quiero cambiar una de mis clases. ¿Qué debo hacer?

–Tiene que ir a la oficina principal, pedir un formulario de cambio de clases y rellenarlo con los datos que le piden: su nombre y su apellido, el horario y el código de la clase a la que asiste actualmente.

–Entiendo. ¿Y en ese formulario tengo que explicar el cambio?

–Sí, escriba el horario y el código de la nueva clase en la casilla de abajo y explique las razones del cambio. Debe llevar el formulario al profesor de la clase y pedirle que lo firme.

–Y cuando esté listo, ¿dónde lo entrego?

–Tráigalo a esta oficina de nueve a diez de la mañana. Tendrá una respuesta en tres días.

–Muchas gracias.

17. Un profesor preocupado

–Buenas tardes, José.

–Buenas tardes, profesor Rojas. Me dijeron que quería hablar conmigo…

–Sí, José. ¿Sabes dónde está tu hermano Felipe? No vino a la escuela hoy y estoy preocupado.

–Está en casa, profesor. Tiene un resfriado muy fuerte y no se encuentra bien.

–¿Cuándo enfermó?

–Hace tres días… el fin de semana.

–¿Está solo?

–No, mi mamá se quedó hoy con él.

–Bueno, José, ya estoy más tranquilo. Gracias… ¿Cuál es tu próxima clase?

–Español… Creo que ya empezó.

–Entonces, ve corriendo para no llegar tarde. Saluda a tu hermano de mi parte.

–Gracias, profesor. Así lo haré.

1. Zipi y Zape

Zipi y Zape es una historieta española muy popular. Hay libros, programas de televisión y películas sobre ella. Sus personajes principales, Zipi y Zape, son hermanos. Zipi es rubio y Zape es moreno. Ellos son muy traviesos y causan problemas en casa y en la escuela. Son malos estudiantes, pero siempre tratan de ser amables. Y les encanta el fútbol.

Don Pantuflo es el padre de Zipi y Zape. Es gordo, y tiene un bigote pequeño y muy poco pelo en la cabeza. La madre de Zipi y Zape es doña Jaimita. Ella es alta y delgada. Doña Jaimita tiene el pelo lacio y negro, y siempre lleva un lazo rojo. Doña Jaimita tiene una hermana; se llama Miguelita. Miguelita es gorda. Ella está casada con don Máximo Empollínez y es la madre de Sapientín, el primo de Zipi y Zape. Sapientín es moreno y lleva gafas. Es muy buen estudiante y no le interesa el fútbol. Así es la familia de Zipi y Zape. ¡No te pierdas sus aventuras!

2. Palabras incompletas

1. clase
2. café
3. silla
4. autobús
5. hermano
6. mochila
7. mexicano
8. lavadora

3. Di-vi-de

nariz
físico
personalidad
lápiz
matemáticas
bigote
optimista
información

4. Adivina, adivinanza

1. El hermano de mi tío,
   si no es mi tío,
   ¿qué es mío?

2. Son hijos de tus abuelos,
   de tus padres hermanos son.
   Tus hermanos con tus hijos
   tendrán esa relación.

3. De tus tíos es hermana,
   es hija de tus abuelos
   y quien más a ti te ama.

5. Mortadelo y Filemón, agencia de información

Mortadelo y Filemón son los protagonistas de una historieta española creada por Francisco Ibáñez. Son dos detectives muy peculiares que trabajan para una agencia de información. Juntos viven las aventuras más increíbles del mundo.

Mortadelo es el más alto de los dos. Es calvo, lleva gafas y tiene una nariz grandísima. Es muy inteligente y le gusta hacer bromas. Filemón no es tan alto como Mortadelo y tiene solo dos pelos en la cabeza. Además, es muy serio. A los chicos les gustan las historias de Mortadelo y Filemón porque los dos personajes son amables, bondadosos y, sobre todo, viven aventuras muy divertidas.

6. Los amigos de los amigos

–¿Conoces a mi amiga Rosalía? Es alta y rubia. Ella siempre se está riendo y es muy cariñosa.

–Sí, la conozco. Es amiga de Carlos.

–¿Carlos? ¿Quién es Carlos?

–Carlos es mi mejor amigo. Siempre vamos juntos a jugar al fútbol.

–No lo conozco. ¿Cómo es?

–Es bajo y moreno; tiene el pelo negro y lacio. Es muy buena persona y siempre piensa en los demás. ¡Tiene muchos amigos!

–Como Rafael.

–¿Quién es Rafael?

–El chico de la clase de al lado. Ese que es moreno y tiene los ojos almendrados. Es un chico muy amable. No habla mucho, pero es muy cortés. Ayer me prestó un libro interesantísimo.

–Ah, Rafael, ya sé quién es. Es el amigo de Julieta, la chica morena. Los dos son amigos, pero son muy diferentes. Ella no es amable; solo piensa en sí misma y le gusta mucho hablar de los demás...

–¡Mira, Rafael está en la biblioteca! Tengo que hablar con él.

–¡Vamos!

7. Mis vecinos

Al lado de mi casa vive la familia Toledo. Los señores Toledo tienen tres hijos: Alberto, Cecilio y Daniel. ¡Los tres son muy diferentes!

Español Santillana. Speaking and Listening Workbook. Teacher's Annotated Edition

163

Alberto es alto y rubio. Tiene bigote, pero no tiene barba. Es reservado y cortés.

Cecilio es menor que Alberto y mayor que Daniel. Tiene el pelo negro y un poco largo. Tiene barba y bigote. No le gusta compartir sus cosas y rara vez ayuda a los demás. Es apuesto, pero un poco chismoso.

Daniel es el menor de los hermanos. Mis amigas dicen que es guapísimo. Es pelirrojo y tiene muchas pecas y una cicatriz en la mejilla. Y es risueño, muy cariñoso, muy seguro de sí mismo… y tan cortés como Alberto. Ahora que lo pienso, yo también creo que Daniel es el más apuesto de todos.

8. Antes del examen

–Marta, ¿estás bien?

–No, estoy nerviosa por el examen de Química. ¿Tú no estás nervioso?

–No, yo estoy muy tranquilo. Mi hermana es ingeniera y me ayudó a preparar el examen. Ella es inteligentísima.

–Pues yo no estoy nada tranquila. La clase de Química es muy difícil.

–Para mí la clase de Química es menos difícil que la clase de Literatura.

–¿De verdad? A mí me encanta la clase de Literatura. ¡Es interesantísima!… Bueno, tenemos que irnos. El examen es a las dos en el laboratorio. Seguro que nuestros compañeros ya están allí.

–Sí, vamos. Y no te preocupes. Eres una chica inteligente y estudias muchísimo, así que vas a hacerlo bien.

–Gracias, Guillermo, eres muy amable.

–¡Suerte!

–¡Muchas gracias! ¡Igualmente!

13. Fotos de familia

Hola, soy Elena. ¡Mi familia es grandísima! Mis abuelos maternos, Dolores y Fernando, tienen dos hijos. Mi mamá es la hija menor; se llama Violeta. Ella está casada con Ramiro, mi papá. Yo tengo una hermana mayor, Cristina. Mi hermana está prometida con Alberto, su novio. ¡Se casan el próximo año!

El hermano de mi mamá es mi tío Juan. Él estuvo casado y tiene dos hijos, Álex y Sergio. Ahora está divorciado.

Mi abuela paterna se llama Lidia. Es viuda y vive con la hermana de mi papá, mi tía Gisela. Mi tía Gisela no está casada.

Espero que te gusten las fotos. ¿Y tu familia, cómo es?

14. Conversaciones

1. –¡Qué tormenta cayó ayer por la tarde! Miguel, ¿qué estabas haciendo cuando comenzó a llover?

   –Pues estaba jugando al fútbol. Tenía que entrenar para el partido del domingo, pero tuvimos que parar por la lluvia.

2. –Hola, Marisa. ¿Por qué no fuiste anoche a casa de Sandra?

   –Hola, Marcela. No pude ir. Cuando me llamó Sandra para invitarme, estaba estudiando Literatura para el examen de hoy y terminé muy tarde.

3. –Manuel, ¿por qué llegas tarde a clase?

   –Lo siento, profesor. Estaba leyendo un libro interesantísimo en la biblioteca y olvidé mirar la hora.

4. –Hola, Cristina. ¿Te interrumpo?

   –No te preocupes. Estaba viendo una película de misterio… ¡y tenía mucho miedo! ¡Gracias por llamar!

5. –Vicente, ¿dónde estabas el sábado cuando te llame? Se oía mucho ruido…

   –Estaba cenando con mi hermano en el centro comercial. ¡Las pizzas de Viva Italia están deliciosas!

15. El testigo

–¿Dónde estaba usted cuando ocurrió el robo?

–Estaba tomando un café en el restaurante de la esquina.

–¿Qué vio?

–Pues estaba mirando por la ventana del restaurante hacia el parque cuando vi a un hombre un poco raro.

–¿Un hombre un poco raro? ¿Por qué? ¿Cómo era?

–No sé, me llamó la atención. Era alto y delgado. Llevaba un abrigo negro y gafas de sol. ¡Y tenía un bigote enorme!

–¿Y qué sucedió?

–Había varias personas en el parque. Una señora estaba paseando con su perro. De pronto, ese hombre se acercó a ella y se llevó el perro. La señora empezó a gritar, pero el hombre salió corriendo hacia la calle Santa Ana.

–¿Es todo?

–Bueno, el hombre tenía una cicatriz en la cara y yo creo que el bigote era falso. Eso es todo.

–Gracias por su ayuda.

20. El abuelo de Santiago

–Abuelo, estamos haciendo un proyecto en clase para saber más sobre la vida de nuestros abuelos. ¿Puedo entrevistarte?

–Claro que sí, Santiago. ¿Qué quieres saber?

–Cuéntame tu vida, abuelo. ¿Dónde y cuándo naciste? ¿Qué hiciste cuando eras pequeño? ¿Y después?

–Nací hace sesenta y ocho años en San Juan de Puerto Rico. Cuando tenía casi un año me bautizaron. De niño y durante mi adolescencia iba a la escuela en San Juan. Tenía muchos amigos y tengo muy buenos recuerdos de esas etapas de mi vida. Cuando teníamos quince años, íbamos a la playa con frecuencia. ¡Nos divertíamos mucho!

–¿Después fuiste a la universidad?

–No. Cuando terminé la escuela, tuve que trabajar en el campo. Dos años más tarde comencé la universidad.

–¡No lo sabía! ¿Y cuándo conociste a la abuela?

–Después de terminar la universidad. Yo estaba trabajando en una zapatería y ella fue a comprar unas sandalias. ¡En cuanto la vi, me enamoré de ella! Fuimos novios durante dos años y después nos casamos. Cinco años después de la boda nació tu padre.

–¡Qué historia tan bonita!

–Sí, ¡una vida larga! Al año siguiente nos vinimos a vivir a Florida. Después, nació tu tía Marta, dos días después. Y bueno, trabajé en nuestra tienda hasta que me jubilé el año pasado. ¿Tienes más preguntas?

–Seguro que otro día te pregunto más cosas. ¡Gracias, abuelo!

21. Una biografía literaria

Jorge Luis Borges nació en Buenos Aires (Argentina) el año 1899. De niño vivió en Argentina. En 1914 se trasladó a Suiza con su familia. Allí fue a la escuela y aprendió varios idiomas. Tras vivir dos años en España, en 1921 regresó a Argentina con su familia. Borges leía mucho y en España escribió sus primeros libros. Instalado de nuevo en su ciudad natal, siguió escribiendo y publicando ensayo y poesía.

En la década de los cincuenta Borges era un escritor reconocido dentro y fuera de Argentina. En 1955 fue elegido director de la Biblioteca Nacional. En esa época, también enseñaba Literatura. Poco a poco fue quedándose ciego como consecuencia de una enfermedad que ya había afectado a su padre, pero eso no le impidió continuar escribiendo y leyendo. Le interesaban otras culturas y religiones, como el islamismo y el judaísmo.

Jorge Luis Borges se jubiló como director de la Biblioteca Nacional en 1973. En 1986 volvió a Ginebra, Suiza. Ese mismo año se casó con María Kodama, su segunda esposa, y dos meses más tarde murió.

Entre los libros más conocidos de Borges están *El Aleph* y *Ficciones.*

22. Situaciones

1. La semana pasada mis amigos me invitaron a una fiesta. No sabía que la fiesta era para mí. Lo supe ayer. ¡Qué sorpresa!

2. Conozco a Sofía desde niño. Ella y mi amigo Juan se conocieron hace tres días y ayer por la noche fueron al cine.

3. El lunes pasado quería ir al parque y no pude. Ayer podía ir, pero no quise. ¡Qué complicada es la vida!

4. Cuando estaba en clase de Historia, llegó una chica guapísima. No le hablé porque no sabía su nombre. Ayer lo supe y hablé con ella. Se llama Paula.

5. Cuando me llamaste, estaba haciendo mi tarea. Y cuando la terminé, te llamé yo a ti.

27. Mis abuelos

Mis abuelos paternos se llaman Antonio y Rosario. ¡Se casaron hace cincuenta años! A los dos les gusta mucho bailar y se conocieron una noche en un baile. Se enamoraron inmediatamente y, después de cinco años de novios, decidieron casarse.

Antes de casarse, mi abuelo vivía en el campo y mi abuela en la ciudad. Mi abuela iba a menudo al cine y a los museos con sus amigas. Mi abuelo trabajaba en la finca de su familia; le gustaba mucho hacer deporte y con frecuencia jugaba al fútbol con sus amigos. Los dos eran buenos estudiantes y fueron a la universidad. Mi abuelo es diez años mayor que mi abuela. Es un poco serio, pero muy amable. Mi abuela es muy risueña. Mi abuela dice que mi abuelo era muy apuesto. Mi abuelo dice que mi abuela todavía es muy guapa. Ellos son una pareja muy linda.

28. La familia de la novia

Hoy celebraron su boda Javier y Lucía. Ellos se conocían desde la infancia y fueron novios dos años antes de prometerse. ¡Se les ve muy enamorados!

La mamá de Lucía se llama María. Es alta y delgada, y está casada con Juan, que es el padrastro de Lucía. Cuando María y Juan se conocieron, Juan estaba divorciado y tenía una hija, Teresa, así que Lucía tiene una hermanastra pequeña. Teresa tiene el pelo lacio y los ojos almendrados. Lucía y Teresa se llevan muy bien.

29. ¡Qué confusión!

–Vi el robo, lo vi todo. Yo estaba conversando con mi amigo cuando ocurrió. El ladrón era un hombre alto y elegante. Tenía el pelo negro y rizado. ¡Ah, y también tenía barba!

–No, no era así. El hombre era calvo, bajo y gordo. No era elegante y tenía una cicatriz en la cara. Yo estaba cruzando la calle cuando él pasó corriendo. ¡Lo vi tan bien como lo veo a usted ahora!

–¡No tenía una cicatriz! ¡Tenía barba! Ya le dije que era alto y elegante, y que tenía el pelo rizado y barba. A ver, dígame qué estaba haciendo cuando usted lo vio.

–Bueno, el hombre estaba caminando detrás de una mujer y la empujó.

–¡Qué va! Caminaba detrás de un hombre y le robó la cámara de fotos.

–¡Era una mujer! Y le robó su bolsa de cuero.

–No, no y no. Era un hombre y le robó una cámara.

–No puede ser… Un momento, ¿usted está hablando del robo de la calle Mayor?

–¿La calle Mayor? No, el robo que yo vi ocurrió en la avenida Colón.

–¡Dos robos al mismo tiempo! ¡Qué peligrosa es esta ciudad!

30. Una celebración

–Hace una semana fui a la fiesta de jubilación de mi tío. ¡Lo pasamos genial!

–¿En serio? ¿Te divertiste?

–¡Sí, mucho! Estaba toda mi familia y fueron también algunos amigos de mi tío.

–¿Dónde fue la fiesta?

–En un restaurante muy elegante. La comida estaba deliciosa.

–Suena bien. ¿Había música?

–Sí. Yo estaba hablando con mi tío cuando un chico me invitó a bailar. Era alto, rubio, tenía pecas… ¡era muy guapo! Era cortés, pero no era nada tímido; se le veía muy seguro de sí mismo… ¡Y bailaba muy bien!

–¡Qué bien! ¿Tu tío recibió muchos regalos?

–¡Muchísimos! Y lo mejor de todo, ¡él y su esposa se van de viaje a Perú!

–¡Qué maravilla! No sabía que jubilarse podía ser tan divertido.

1. Un carnaval de colores

Del 28 de diciembre al 6 de enero, se celebra en Pasto (Colombia) el Carnaval de Negros y Blancos. Es la fiesta más grande del sur de Colombia y en ella se celebra la igualdad entre todas las personas.

La celebración comienza con el Carnaval del Agua, el 28 de diciembre. Ese día algunos habitantes de Pasto juegan con el agua. ¡Y todo el mundo termina mojado!

El 31 de diciembre es el Desfile de Años Viejos. Para este desfile se hacen muñecos que representan el año que termina y se queman por la noche.

El 3 de enero se celebra el Carnavalito. En el Carnavalito, los niños se disfrazan y organizan un desfile que recorre la ciudad.

Los dos días principales del Carnaval son el 5 y el 6 de enero. El 5 de enero se celebra el Día de los Negros, y todos salen a la calle pintados con maquillaje negro. El día 6 es el Día de los Blancos y todos se pintan de blanco. Ese día se realiza el Desfile Magno, con el que se cierra el Carnaval. En el desfile Magno hay comparsas, carrozas y grupos de danza y de teatro.

¡Es una época muy divertida para visitar Pasto!

2. Vocales perdidas

1. tierra
2. maíz
3. baile
4. comió
5. novia
6. tío
7. ciudad
8. viuda
9. país
10. fiesta
11. reunión
12. batería

3. ¡Qué tía mi tía!

Erneida, mi tía,
no sale de día.
Ella a la ciudad,
casi nunca va.
Y miedo le tiene
a todo el que viene.
Hoy mi perro Justo
le ha dado un buen susto
pues en un descuido
le rompió el vestido.

4. Una reconciliación

–Juan, ¿estás enojado conmigo?

–Sí, Amanda. Ya no sé si puedo confiar en ti. Me pongo muy celoso cuando te veo hablando con Diego.

–No tienes razones para ponerte celoso, Juan. Diego y yo tenemos una amistad de años. Nos apreciamos, pero solo somos amigos.

–No sé, Amanda. No me gusta discutir contigo, pero no me siento bien cuando te veo hablando con él.

–Juan, confía en mí, no te miento. Yo estoy muy enamorada de ti. Perdóname si te hice sentir mal.

–No, Amanda, perdona tú mis celos tontos. No discutamos más.

–¡Te quiero mucho, Juan!

–¡Y yo a ti, Amanda! ¿Me das un abrazo?

–¡Claro!

5. La familia Rivas

Buenos días. Me llamo Pablo Rivas y les quiero contar la rutina diaria de mi familia. En mi casa nos levantamos a las seis de la mañana. Mi esposa se ducha la primera. Luego, mientras ella les prepara el desayuno a los niños, yo me ducho, me afeito y me visto. Mi mujer se peina y se maquilla mientras los niños se visten y yo hago las camas. A las siete ya estamos todos listos. Entonces, los niños se van a la escuela en el autobús escolar y mi esposa y yo nos vamos a trabajar.

6. Mi diario, 8:00 a. m.

Hoy estoy muy contenta porque es el día de nuestro aniversario y Mario y yo lo vamos a celebrar esta tarde. ¡Llevamos tres años juntos y somos muy felices! Le voy a comprar un regalo. Quiero regalarle un reloj y voy a comprárselo en el centro comercial. ¡Espero que le guste! Vamos a vernos a las seis de la tarde para ir al cine. Después vamos a ir a cenar a nuestro restaurante favorito. ¡Va a ser una tarde maravillosa!

Recuerdo con emoción nuestra primera tarde... Mi amigo Jorge me invitó a su fiesta de cumpleaños, ¡y allí estaba Mario! Mi amiga Patricia me lo presentó y a mí me pareció un chico muy atractivo y muy amable. Él me miraba todo el rato. De pronto, se acercó y me invitó a bailar. ¡Qué nerviosa estaba! Al terminar la fiesta, Mario me acompañó a casa y yo le di mi número de teléfono. ¡No tardó ni cinco minutos en llamarme!

7. Mi diario, 11:00 p. m.

A Mario le gustó mucho el reloj. Yo me puse un poco triste porque él olvidó comprarme un regalo. Me pidió perdón muchas veces y prometió darme una sorpresa el sábado. ¿Qué será? Mario y yo nos entendemos muy bien y pasamos una tarde fantástica. La película fue muy divertida y la cena me pareció deliciosa. Al final de la tarde, nos abrazamos y nos despedimos felices.

12. La fiesta de Rubén

1. –Buenas tardes. Mi nombre es Rubén. Soy el anfitrión de la fiesta.

   –Encantado, Rubén. Yo soy Rodrigo Escobar y estaré a cargo de la comida y las bebidas.

   –Perfecto. Muchas gracias.

2. –Hola, Andrea. Quiero presentarte a Sofía Martínez. Ella es la fotógrafa de la fiesta.

   –Encantada de conocerla, Sofía.

   –Igualmente.

3. –Hola, Rubén.

   –Hola, Pablo. ¿Qué tal?

   –Bien, bien. Todo está preparado. Permíteme presentarte a Claudio Rojas. Él se encargará de la música.

   –Mucho gusto, Claudio... Pues ¡que empiece la fiesta!

13. ¿Tienes planes para hoy?

–Hola, Sara.

–Hola, Carmen. ¿Cómo estás?

–Bien, gracias. ¿Y tú?

–Bien, pero estoy aburrida. ¿Tienes planes para hoy? ¿Te apetece que hagamos algo juntas? Te invito a merendar en mi casa y luego podemos ver una película.

–Muchas gracias, Sara, pero hoy no puedo. Mañana tengo un examen y todavía tengo que estudiar. Lo siento. Pero ¿te apetece ir al cine mañana, cuando salga del examen?

–Sí, me parece un buen plan.

–Perfecto. Entonces, nos vemos mañana.

–Hasta mañana. ¡Y suerte en el examen!

–¡Gracias!

14. Un discurso

Queridos compañeros:

Quiero presentarme a aquellos que no me conocen. Me llamo Pedro Flores y me encanta la política. Algún día quiero ser presidente de la república, pero hoy me presento ante ustedes porque deseo ser el presidente estudiantil. Me interesa saber todo lo que pasa en nuestra escuela y me importa mucho el futuro de todos ustedes; por eso me comprometo a luchar por sus derechos e intereses. También quiero organizar muchas actividades pues deseo que todos participen en los eventos de la escuela. A mí me encanta el fútbol y sé que a muchos de ustedes también les gusta, así que voy a proponer que todos los viernes juguemos un partido de fútbol en la escuela. Espero que les apetezca participar.

¡Ojalá me elijan como su futuro presidente!

15. Una reunión

Hola, María. Recuerda que tenemos una cita el próximo lunes. Solo falta acordar el lugar y la hora de la reunión. Debe ser por la tarde y no durará más de dos horas. Podemos quedar todos en la puerta de la escuela. Debemos acordarnos de estudiar bien las normas de la organización. Tú y yo podemos quedarnos después para hablar un poco más. Si la sala de la reunión está ocupada, podemos irnos a mi casa. ¿Qué te parece?

20. Pablo al teléfono

1. –¿Necesitas algo, Pablo?

   –Sí, quiero llamar a mi hermana desde este teléfono público, pero no tengo monedas.

2. –¡Pablooo!

   –Estoy aquí, mamá.

   –Te llama tu amigo Arturo.

3. Hola, soy Sofía. En este momento no puedo atenderte. Por favor, dime tu nombre y tu número de teléfono y te llamaré más tarde. ¡Gracias!

4. –¿Estás listo, Pablo?

   –Sí... ¿Me esperas un momento? Tengo una llamada perdida de mi amiga Alicia y quiero llamarla antes de salir.

21. Una llamada telefónica

–¿Sí? ¿Dígame?

–Hola. ¿Puedo hablar con Fabián, por favor?

–No, no está. ¿De parte de quién?

–Soy Marisa.

–Hola, Marisa. Soy Clara, la mamá de Fabián. ¿Cómo estás?

–Bien, gracias. ¿Y usted?

–Bien.

–¿Puedo llamarlo más tarde?

–Sí, claro. Él llegará sobre las seis. ¿Quieres dejarle un recado?

–Solo dígale que lo he llamado, por favor.

–Claro, yo se lo digo. ¡Hasta luego, Marisa!

–Hasta luego. Muchas gracias.

22. Un mensaje telefónico

¡Hola, César! Soy Lucas. ¿Leíste mi mensaje? ¡No sé nada de ti! ¿Qué te pasa? ¿Dónde estás? ¿Y por qué no contestas a mis mensajes? Paco te llamó también y tampoco pudo hablar contigo. ¿Estás bien? Bueno, devuélveme la llamada, por favor.

23. Consulta médica

–¿Sí? ¿Dígame?

–¿Doctor Pinzón? Soy Federico Gómez.

–Hola, Federico. ¿Cómo está?

–No me siento bien, doctor.

–Dígame, qué le pasa.

–Tengo mucho dolor de garganta y fiebre.

–Seguramente tiene un resfriado. Debe beber mucha agua y tomar vitamina C.

–También me duele mucho el pie. Creo que me hice daño ayer bailando salsa.

–Tiene que descansar, no debe caminar hoy. ¡Ni tampoco bailar, claro! Pero si sigue mis consejos, muy pronto se sentirá mejor.

–Seguiré sus consejos, doctor. Muchas gracias.

–Siempre a sus órdenes, Federico. Llámeme dentro de dos o tres días para saber cómo sigue. Si el pie no mejora y el dolor no desaparece, tendrá que venir a mi consulta.

24. Un posible trabajo

¡Hola, Carolina! Soy Sonia. Quería contarte que me llamaron de la empresa en la que quiero trabajar. Mañana debo enviarles mi currículum. El lunes que viene tengo que hacer un test psicológico y un examen de cultura… ¡Espero que no sea muy difícil! El próximo martes debo ir a las oficinas de la compañía para una entrevista y voy a poder hablar con el jefe. Después tengo que esperar otra semana para recibir una respuesta. ¡Ya te contaré! Devuélveme la llamada, por favor. ¡Y deséame suerte! Hasta pronto.

29. Regalos para todos

–Hola, mamá. ¿Estás ocupada?

–Hola, hija. No, dime, ¿dónde estás?

–En la librería, comprando algunos regalos.

–¿Y ya sabes qué quieres comprar?

–Creo que sí. Al primo Manuel le gustan mucho los libros sobre la naturaleza. ¡Ojalá encuentre algún libro de animales interesante!

–A tu prima Carmen puedes regalarle una novela de vampiros. Sé que a ella le gustan.

–Sí, es verdad; para Carmen compraré una novela de vampiros. ¿Tú crees que al tío Carlos le puede interesar un libro de técnicas de pintura? Así podrá pintarnos un cuadro.

–Sí, al tío Carlos le encanta pintar.

–¿Y para papá? ¿Le compro una novela? Él prefiere las novelas de misterio, ¿verdad?

–Sí, a tu padre le encantan las novelas de misterio.

–Y a Sofía, ¿qué puedo comprarle?

–A tu hermana puedes comprarle una guía de Argentina. Le resultará muy útil para preparar sus vacaciones de verano.

–¡Qué buena idea, mamá! Le encantará. Yo voy a comprarme un libro de recetas mexicanas.

–¡Estupendo, Gisela! Vas a preparar unas comidas deliciosas.

–Sí. Y para ti, mamá,… ¡una sorpresa!

–Gracias, hija.

–Gracias a ti por tu ayuda, mamá. Nos vemos más tarde. ¡Besos!

–Hasta luego, Gisela. Besos.

30. Instrucciones de mamá

Hijos, estaré fuera todo el fin de semana, así que espero que se porten bien.
Rodolfo, tú que eres el mayor encárgate de sacar la basura y acuérdate de apagar todas las luces antes de que se acuesten. Y tú, Mauricio, no te olvides de echarle agua a las plantas. Recuerden que tienen que lavarse los dientes por la noche. Y acuéstense antes de las once de la noche porque tienen que levantarse pronto. Tú, Mauricio, debes despertarte a las seis de la mañana; y tú, Rodolfo, tienes que levantarte a las siete.
Si necesitan algo, llamen a los abuelos, ¿de acuerdo?
Besos. ¡Nos vemos pronto!

31. Entrevista de trabajo

Bienvenidos a nuestro programa «Por un futuro mejor». Hoy queremos ayudarles a superar con éxito una entrevista de trabajo. Presten atención a nuestras recomendaciones.

Ante todo, deben ser puntuales. Llegar tarde a una entrevista de trabajo causa muy mala impresión. También deben prestar atención a la forma de vestirse: es recomendable que se vistan de manera formal y si investigan sobre la empresa antes de la entrevista, se sentirán más seguros. Durante la entrevista deben responder a todas las preguntas con claridad y tranquilidad, y mostrar entusiasmo por la propuesta de trabajo. Es importante que la empresa note su interés por trabajar allí. Y deben tener una actitud positiva hacia el trabajo en equipo.

1. Trajes típicos

1. El traje de flamenca es típico de Andalucía, en el sur de España. Es un vestido largo y ajustado al cuerpo, de colores alegres y adornado con volantes en la falda y en las mangas. El más típico es el traje de lunares. Es un traje muy popular: lo utilizan las bailaoras de flamenco, y en las fiestas andaluzas, como la Feria de Abril de Sevilla, lo llevan todas las mujeres.

2. El liquiliqui es el traje masculino tradicional de la región de los Llanos de Colombia y Venezuela. Este traje se usa para bailar el tradicional baile del joropo. Está formado por una chaqueta de manga larga, con grandes botones amarillos y bolsillos rectangulares, una camisa y un pantalón de vestir. Los colores más tradicionales son el blanco, el café y el negro.

3. A los gauchos argentinos se les reconoce por el poncho. Y llevan también un sombrero, camisa de manga larga con chaleco, pañuelo anudado al cuello y un pantalón ancho con un cinturón.

4. La cumbia es un baile tradicional de Colombia. Las mujeres que lo bailan llevan trajes de colores, de cuadros pequeños rojos y blancos o de flores, elaborados en tela de algodón. La blusa es ajustada al cuerpo, con manga corta y cuello alto. La falda es muy ancha y larga.

2. El sonido R

1. rosa
2. ratón
3. barco
4. pera
5. gorra
6. guitarra
7. cara
8. araña

3. El sonido J

1. gigante
2. jardín
3. traje
4. gimnasio
5. maquillaje
6. vegetales
7. jugo
8. página
9. geografía
10. proteger
11. elijo
12. dibujo

4. ¿Dónde está Periquito?

Periquito el bandolero
se metió en un sombrero;
el sombrero era de paja,
se metió en una caja;
la caja era de cartón,
se metió en un cajón;
el cajón era de pino,
se metió en un pepino;
el pepino maduró
y Periquito se escapó.

5. Un uniforme muy elegante

–¿Diga?

–¡Hola, Jorge! Soy Nicolás. Quería decirte que ayer compramos los uniformes para la banda de música de la escuela.

–¡Qué bien, Nicolás! ¿Cómo son?

–Elegimos camisas blancas de algodón y pantalones azules.

–¿Los pantalones tienen bolsillos?

–Sí, tienen dos bolsillos. También compramos chaquetas de terciopelo. Las chaquetas son azules, como los pantalones.

–¿Chaquetas de terciopelo? ¡Qué elegantes!

–Así es. Los zapatos son negros y tienen cordones.

–¿Compraron cinturones?

–No, cada uno debe llevar su cinturón.

–De acuerdo. ¡Gracias por llamar, Nicolás!

–De nada, Jorge. ¡Hasta mañana!

6. ¡Qué aguacero!

–Hola, Sandra. Llueve mucho, ¿verdad? ¿Te has mojado?

–Sí, Diana. Tengo que cambiarme de ropa. Quiero ir a comprar un suéter de manga larga porque el mío está mojado. También quiero comprarme un paraguas.

–Podemos ir a la tienda donde venden ropa y accesorios, pero está cerrada hasta las cuatro.

–Mientras tanto, ¿me puedes prestar unos zapatos? Tengo que quitarme los míos porque están cubiertos de barro y rotos.

–Por supuesto. ¿Quieres también algo de ropa? Toda mi ropa está lavada y planchada.

–¡Muchas gracias! Me sentiré mejor. Uf, estoy muerta de cansancio.

–Sí, yo también. ¡Vamos a descansar!

7. Vamos a una fiesta

–Hola, chicos. ¿Han salido de compras para la fiesta?

–Sí, mamá. Yo me he comprado unos zapatos rojos. Mira.

–Y yo me he comprado esta camisa negra. ¿Qué te parece?

–Muy elegante. Y los zapatos son muy bonitos, Laura. Yo ya he terminado de coser tu vestido. Vengan a ver cómo ha quedado.

–¡Muy lindo! ¡Gracias, mamá!

–El azul del vestido combina muy bien con tus zapatos rojos, Laura.

–Sí, y la tía me ha dejado un collar de plata que queda perfecto con el vestido.

–Y tú, Manuel, ¿qué has pensado ponerte?

–He decidido ponerme el pantalón gris con la camisa nueva. Y mis zapatos negros.

–Estupendo. Recuerda que debes planchar el pantalón.

–Ya está planchado.

–Bueno, ¡qué rápido! Deben vestirse ya. ¡No pueden llegar tarde!

8. En el centro comercial

Esta tarde he ido con mi madre al centro comercial y nos hemos divertido mucho. Hemos comprado muchas cosas para mi casa nueva. He visto unos zapatos de tacón y un pañuelo de seda muy bonitos, pero no los he comprado porque eran un poco caros. Por eso he decidido volver cuando tenga un poco más de dinero. Después, hemos tomado una cena deliciosa. ¡Ha sido una tarde fantástica!

13. En la tienda

–Disculpe, no encuentro a nadie en la sección de muebles. ¿Usted puede ayudarme?

–¡Claro! ¿Qué puedo hacer por usted?

–Busco una estantería pequeña para libros. He visto algunas, pero no he encontrado ninguna de color rojo.

–Permítame… Tenemos una estantería pequeña de color rojo en la sección infantil.

–¿Es de madera o de plástico?

–Es de madera. No tenemos estanterías de plástico.

–Gracias. La miraré.

–¿Quería algo más?

–Sí. También necesito algunos cojines grandes, muy blandos y de colores fuertes. Ah, y una

alfombra redonda y de buena calidad, pero que no sea muy cara.

–En la sección de accesorios tenemos todo lo que busca. Pregunte a cualquier compañero de aquella sección.

–De acuerdo. Muchas gracias.

14. Silvia busca apartamento

–Buenas tardes, señora. He visto en el periódico que en este edificio se alquilan algunos apartamentos.

–Sí, joven. Tenemos varios apartamentos disponibles.

–Estoy buscando un apartamento pequeño, con una habitación y un estudio.

–Tenemos uno exactamente así. Puede verlo ahora, si quiere.

–Sí, por favor.

–Este apartamento mide unos cuarenta y cinco metros cuadrados. Es muy nuevo y acaban de pintarlo. El suelo es de madera. Tiene una mesa grande de madera y cristal en el salón. En las habitaciones hay pocos muebles.

–Me gusta. ¿Con quién debo hablar si decido alquilarlo? ¿Y cuándo debo pagar el alquiler?

–Tiene que hablar conmigo. No debe tardar demasiado en decidirse porque puede haber otras personas interesadas. El dinero se deposita en esta cuenta. También se puede hacer un cheque a nombre de Apartamentos El Pinar.

–Gracias, mañana le doy una respuesta.

–Muy bien, la espero mañana.

15. Poniendo la mesa para la fiesta

–Hola, María.

–Hola, Luis. ¿Qué tal?

–Pues estoy poniendo la mesa para la fiesta y necesito algunos platos y tenedores de plástico. ¿Puedes traérmelos?

–Sí, Luis, yo te los llevo. En la última fiesta compré demasiados y tengo muchos en casa. ¿Necesitas alguna cosa más?

–Tráeme también algunas servilletas de papel si puedes. Solo tengo servilletas de tela y son ásperas. Las servilletas de papel son suaves.

–De acuerdo. ¿Tienes mantel? Yo no tengo ningún mantel elegante para dejarte.

–No te preocupes, yo tengo un mantel redondo de color azul.

–Vale, entonces te llevaré las servilletas azules. ¿Y algo más?

–No, no necesito nada más. Muchas gracias por todo, María.

16. En la cocina

–Hola, Carlos. ¿Se puede pasar?

–Sí, Carolina, pasa. Estoy preparando una receta para mi clase de cocina.

–¿Te ayudo? ¡Me encanta cocinar!

–Gracias. Tengo que preparar arroz con leche.

–¿Y cómo se prepara?

–Hay que poner a hervir leche en una olla grande. Luego añades azúcar, una cáscara de limón o de naranja y canela en rama. Cuando la leche esté hirviendo, hay que echar el arroz y mezclarlo todo bien, y cocer el arroz hasta que quede poca leche.

–Vale, ¿y cómo se sirve?

–Hay que dejarlo enfriar, colocarlo en tazas, y servirlo con un poco de canela por encima.

–¡Delicioso! ¡No puedo esperar hasta que esté listo!

20. Tareas domésticas

–¡Esta casa está hecha un desastre!

–¿Qué puedo hacer, mamá?

–¿Puedes limpiar el polvo y barrer el suelo, por favor?

–Sí, mamá, yo limpio el polvo y barro.

–Muy bien. Gracias, Lucía. Y tú, Alberto, ¿puedes fregar los platos y secarlos?

–Por supuesto, mamá.

–Yo voy a lavar la ropa y a tenderla.

–Cuando la ropa esté seca, nosotros te ayudaremos a doblarla, mamá.

–Gracias, hijo. ¡Somos un buen equipo!

21. Antes del cumpleaños de Cecilia

El sábado pasado fue el cumpleaños de mi hermana Cecilia y lo celebramos con la familia y los amigos. La fiesta empezó a las cinco de la tarde.

Mi madre planchó el vestido de mi hermana a las dos de la tarde.

El jardinero terminó de arreglar el jardín a las tres y media.

Mi padre y mi tío lavaron y secaron los platos a las cuatro de la tarde.

Yo colgué los adornos a las cuatro y media. ¡Uf, justo a tiempo para la fiesta!

Nos divertimos mucho. ¡Tienes que ver las fotos!

22. En la tienda de muebles

1. –¡Qué elegante es este sofá!

   –Sí, y mira aquel espejo de allí: ¡es grandísimo!

2. –Esas lámparas de ahí parecen carísimas.

   –Sí, ¡pero mira el precio de este espejo!

3. –Aquel sofá es precioso.

   –¿Te gusta mucho? Yo prefiero que compremos aquel espejo.

4. –Ese sofá no me gusta mucho.

   –A mí tampoco. En cambio, estas lámparas me gustan mucho.

23. Buenos amigos

Recuerdo cuando hicimos reformas en nuestra primera casa. Llamamos a nuestros amigos para que nos ayudaran. Pero el día que vinieron, mi esposa y yo tuvimos que irnos a trabajar y los dejamos solos en casa... Y cuando llegamos a casa por la noche, ¡qué sorpresa!

Omar se había encargado de las paredes. ¡Él solo había reparado todas las paredes de la casa! Iñaki había pintado las habitaciones, las puertas y las ventanas. Pablo había hecho toda la instalación eléctrica. ¡Había luz en toda la casa! Y nuestro amigo Ramón había cortado el césped y además había sembrado plantas y flores. Mi esposa y yo no lo podíamos creer. ¡Qué maravilla tener tan buenos amigos!

28. ¡Nos cambiamos de casa!

–Martín, ¿ya has guardado tu ropa?

–Sí, Elena. He puesto los zapatos en las cajas de plástico y he guardado mis chaquetas y mis camisas en la bolsa de viaje.

–Yo he guardado mi ropa en la maleta. ¿Y los libros? ¿Dónde los has puesto?

–Los he puesto en aquellas cajas de cartón. ¡Son muy prácticas!

–Estupendo. Todavía tengo que doblar las sábanas y las toallas. ¿Me ayudas? Había pensado ponerlas en esa caja grande.

–Yo creo que es mejor guardarlas en esta bolsa de plástico. Es especial para ropa.

–¡Tienes razón!

–Había planeado pasar por la casa nueva para ver cómo va el trabajo de los albañiles. Espero que las paredes ya estén reparadas. No sé si el pintor ha podido pintar. He llamado por teléfono varias veces, pero no ha respondido nadie.

–No te preocupes. Estoy segura de que han terminado. ¿Crees que los vasos de cristal se

Español Santillana. Speaking and Listening Workbook. Teacher's Annotated Edition

173

pueden guardar en esta caja de madera?

–Yo creo que sí.

–Pues ¡manos a la obra!

29. En la casa nueva

–¡Nunca en mi vida había estado tan cansada! He abierto tantas cajas que me duelen las manos.

–Elena, ¿puedes alcanzarme esos cuadros? Quiero colgarlos en la sala.

–Claro, Martín. Quedarán muy bien. Estoy contenta porque han podido reparar las paredes.

–Sí, el albañil ha hecho un buen trabajo.

–Ahora tenemos que buscar un jardinero para arreglar el jardín.

–No, prefiero hacerlo yo. Ya he visto dónde puedo sembrar algunas flores. Además, yo siempre me he encargado del jardín en casa de mis padres.

–Me parece muy bien. Martín, no hemos sacado la basura. Y todavía no hemos limpiado el polvo. Tampoco hemos barrido ni hemos fregado el suelo.

–Tenemos que comprar una escoba, un recogedor, un trapeador y un cubo.

–Sí. ¡Cuántas cosas!

–No te preocupes, yo compraré todo eso mañana. Vámonos a dormir.

30. ¿Cómo están las cosas?

1. –Elena, ¿tienes que abrir esas cajas del salón?

   –¡No, Martín, eso ya lo he hecho!

2. –Martín, ¿hay que reparar las paredes?

   –No, Elena, eso ya lo ha hecho el albañil.

3. –¡Ay, Martín, se me ha olvidado poner la lavadora!

   –No te preocupes, Elena, eso ya lo he hecho yo.

4. –Hay que escribir una nota para el pintor recordándole que pinte la puerta del jardín.

   –Eso ya lo he hecho yo.

5. –¡Vaya, el lavaplatos no funciona!

   –Eso puede arreglarlo el plomero. Voy a llamarlo.

1. Un alimento nutritivo

La quinua es un cereal típico de la región de los Andes. Es un alimento muy completo y nutritivo, rico en vitaminas y proteínas, y por eso se recomienda su consumo. Los granos de quinua se pueden comer cocidos o tostados. Y también se utiliza la quinua para preparar bebidas, sopas, platos principales, panes y postres. ¿Quieren preparar una deliciosa salsa de quinua? ¡Es muy fácil! Necesitan media taza de quinua, dos tazas de agua, una taza de leche, medio chile y sal al gusto. Primero, se lava la quinua. Después, se pone en una cazuela a fuego lento el agua con el cereal. Cuando los granos de quinua se abren, se mezclan con la leche, el chile y la sal. La salsa de quinua puede comerse con ensaladas, huevos y pasta... ¡y con las papas está riquísima!

2. Cecilia va al mercado

Cecilia quiere comer ligero,
con poca sal y mucho romero.
Hoy de su casa salió al mercado,
a comprar frutas y un buen pescado.
También en su cesta puso espinacas,
un queso fresco y algunas papas.
¡Cuántas cosas por quince pesetas
se lleva Cecilia en su bicicleta!

3. Con c o con *qu*

cielo
queso
cepillo
Química
cine
cerebro
querer
circo
quitar
cereza
quiosco
quemar
cocina
cacerola
mantequilla
parque

5. Año nuevo, vida nueva

En este año nuevo, quiero seguir una dieta más sana y nutritiva, reducir las calorías de mis comidas y preparar platos ligeros y sabrosos. No voy a hacerme vegetariana porque me gusta mucho la carne, pero sí trataré de comer más pescado y menos carne roja. Comeré más frutas y hortalizas. Dejaré de comer hamburguesas y papas fritas porque la comida basura tiene mucha grasa. No tomaré tantos refrescos ni jugos con azúcar y tomaré ocho vasos de agua al día. Espero cumplir mis propósitos y convertirme en una persona más sana.

6. ¿Qué preparamos?

–¿Qué podemos hacer, Lucía?
–¿Tienes hambre?
–Sí, tengo mucha hambre.
–Pues preparemos algo de comer.
–¡Qué buena idea! Hagamos una ensalada.
–¡No seas aburrida! Mejor cocinemos un pastel.
–Ay, no, un pastel no, que tiene muchas calorías.
–¿Prefieres que hagamos una ensalada de frutas?
–¡Sí, estupendo! Preparemos una ensalada de frutas... Voy al supermercado a comprar las frutas.
–¡No vayas al supermercado! Tengo en casa naranjas, manzanas, peras, un melón y una piña.
–¡Qué cantidad de fruta! No empieces a preparar la ensalada sin mí, voy corriendo para allá.
–Vale, aquí te espero.

7. Una alimentación saludable

–Santiago, ¿qué podemos hacer para tener una alimentación más saludable y nutritiva?
–Bueno, Silvia, para empezar, hay que eliminar de nuestra dieta la comida basura y los alimentos fritos, y no comprar refrescos ni jugos con azúcar. Ah, y hay que evitar comer entre horas.
–¿Y si tenemos hambre?
–Podemos comer fruta, que tiene muchas vitaminas, o frutos secos, pero no demasiados porque tienen muchas calorías.
–De acuerdo. ¿Y cómo debo preparar los alimentos?
–Debemos sustituir la mantequilla por aceite de oliva y cocinar platos ligeros y sin grasa, porque son más sanos. Además, es importante poner poca sal en la comida.
–¿Y qué alimentos debemos consumir?
–Es mejor que comamos más pollo o pescado y menos carne roja a la semana. Y también es recomendable consumir verduras y hortalizas a diario.
–Muy bien. ¡Comencemos ya!

Español Santillana. Speaking and Listening Workbook. Teacher's Annotated Edition

175

8. La familia de Lina

Cuando mi papá cumplió sesenta y ocho años, se puso muy enfermo. El médico le recomendó un cambio en su alimentación y él se hizo vegetariano. Mi madre, mis hermanos y yo también nos volvimos más cuidadosos con la comida. Mi hermana Sara buscó recetas para preparar platos ligeros y sin grasa, y mi hermano Santiago se hizo un experto en prepararlos. Ellos preparaban el menú de la semana y yo era la encargada de ir al mercado para comprar legumbres, verduras y hortalizas. ¡Papá se puso mucho mejor y nos convertimos en una familia mucho más saludable!

13. ¿Qué necesitan?

1. Me llamo Carlos y soy chef. En mi trabajo es muy importante la higiene y por eso tengo que afeitarme todos los días.
2. Me llamo Patricia y no me gusta que se me moje el pelo cuando me ducho.
3. Mi nombre es Juan y me gusta mucho ir a la playa. Voy todos los fines de semana y aprovecho para hacer ejercicio y leer. ¡Me encanta tomar el sol!
4. Yo soy Alina y cuido mucho mis uñas. Me gusta tenerlas cortas y arregladas.
5. Me llamo Javier y me preocupa mucho la higiene dental. Para tener una boca sana, ¡no es suficiente con cepillarse los dientes!

14. Una chica sana

Mi amiga Rebeca tiene hábitos muy saludables. Todas las mañanas va al gimnasio y hace ejercicios aeróbicos durante una hora. Siempre empieza estirando los músculos para evitar calambres. Dice que es bueno comenzar el día haciendo ejercicio, pues eso activa tu cuerpo y te ayuda a sentirte mejor. ¡Desde luego ella tiene muy buen aspecto!
Rebeca cuida su alimentación porque cree que es preciso cuidar la dieta para no aumentar ni bajar de peso. Y por las tardes, hace ejercicios de relajación y practica yoga. Para Rebeca, es necesario relajarse y descansar bien por la noche para tener energía durante el día.
A veces, cuando se siente un poco estresada, se da un masaje.
¡Yo quiero aprender de Rebeca!

15. Una caminata por la playa

Para tener una vida sana es preciso tener hábitos saludables. Para mí, es fundamental hacer ejercicio. Por eso, cada mañana salgo a correr por la playa. Antes de salir, me aseguro de llevar mi crema solar: me parece importantísimo proteger la piel del sol. Dos veces a la semana, mi tío Luis pasa por mi casa a las 7 de la mañana y vamos a caminar juntos. Él no es un hombre joven, pero tiene un excelente estado físico. Mi tío trabaja para una compañía muy importante y tiene mucho estrés, así que hacer ejercicio cada día le ayuda a relajarse y a estar en forma. ¡Hacer ejercicio por la mañana es fundamental para tener un día productivo!

16. Luisa va al gimnasio

–Hola, buenas tardes. Busco información para inscribirme en el gimnasio.
–Buenas tardes. ¿Qué le interesa? Tenemos muchas actividades programadas.
–Me interesa cuidarme un poco más y bajar un poco de peso.
–Es importante que hable con la especialista en nutrición. Ella está aquí los lunes y los jueves por la tarde. Puede pedir cita por teléfono.
–Muy bien. Así lo haré, gracias. ¿Cuánto cuestan las actividades?
–Por 50 dólares al mes puede venir todos los días y asistir a cualquiera de nuestras clases.
–¿De qué son las clases?
–Por la mañana hay ejercicios aeróbicos con dos monitoras diferentes y por la tarde hay clases de yoga y de pilates. También hay clases en la piscina durante todo el día.
–Es importante para mí poder asistir a clases diferentes.
–Y para cualquier duda, puede hablar con nuestros monitores. Si lo necesita, también puede darse un masaje. Nuestro masajista le atenderá por la tarde.
–¡Perfecto! Voy a inscribirme hoy mismo.
–Me alegro, ¡bienvenida! Voy a buscar un formulario.

21. Clase sobre el cuerpo humano

Buenos días a todos. Hoy vamos a hablar sobre las distintas partes del cuerpo humano.
El corazón es el motor del cuerpo humano. Hace posible que la sangre circule por todo el cuerpo.
Los pulmones son dos órganos grandes y blandos, como esponjas, que sirven para que el oxígeno llegue a la sangre.

El estómago es el órgano que recibe y procesa los alimentos.

El hígado es un verdadero laboratorio que almacena las vitaminas y ayuda a limpiar el organismo.

Los huesos forman el esqueleto del cuerpo y protegen los órganos internos.

Los músculos permiten el movimiento del cuerpo.

El cerebro se encarga de procesar la información recibida a través de los sentidos y controla los movimientos y el comportamiento.

22. La consulta de la doctora Ruiz

1. –Doctora Ruiz, ¿cuándo tengo que volver a verla?

   –Cuando termine de tomar el antibiótico. Pero si no le bajara la fiebre, debería venir antes.

2. –Hola, doctora. Soy Antonia. Me gustaría saber cuándo termina mi tratamiento.

   –Si te tomaras todas las píldoras, terminaría el mes próximo. Pero es mejor que vengas a la consulta la semana que viene.

3. –Hola, doctora. Soy Manuel. No me encuentro bien. ¿Usted cree que las píldoras que me recetó me quitarán el dolor?

   –No se preocupe, Manuel. Si no se le quitara el dolor, le haríamos una radiografía para ver qué sucede.

4. –Doctora Ruiz, soy Emilia, la mujer de Pablo. Nuestro hijo se ha dado un golpe en la pierna y tiene una herida bastante fea.

   –Lo mejor es que vengan a la consulta. Si la herida fuera muy profunda, tendría que darle puntos para cerrarla.

23. Pedro se siente mal

–¡Ay, doctor, me siento fatal!

–¿Qué le duele?

–Tengo escalofríos y me duelen la cabeza y la garganta.

–¿Le duele el estómago?

–No, doctor. Me duelen un poco los músculos de los brazos y las piernas, pero no me duele el estómago. Y me duele mucho la garganta. ¡Nunca antes me había dolido tanto! ¿Cree que es grave, doctor?

–No. Sus síntomas son propios de un catarro fuerte. Voy a pedirle a la enfermera que le tome la temperatura. Seguramente tiene fiebre. Y voy a examinarle la garganta.

Sí, tiene fiebre. Le voy a recetar unas píldoras. Le recomiendo que beba muchos líquidos y que descanse. Si no se encontrara mejor en los próximos días, le recetaría un antibiótico.

–Doctor, ¿usted cree que podría ir a trabajar mañana?

–Si se sintiera mejor, podría ir a trabajar, pero no debería ir a trabajar si tiene fiebre. Yo en su lugar llamaría hoy a la oficina y explicaría que no se siente bien.

–Eso haré. Gracias, doctor.

–De nada. Espero que se mejore pronto.

24. Tengo que ir al médico

–Hola, Carolina. ¿Cómo estás? ¿Te sientes bien?

–No, Sara, no me siento bien. Me duele el estómago y estoy mareada.

–Ven, siéntate aquí. ¿Cuándo fue la última vez que fuiste al médico?

–¡Uy, hace años que no voy al médico!

–Carolina, es bueno que vayas al médico por lo menos una vez al año para hacerte una revisión general.

–Tienes razón, Sara.

–Te aconsejo que te acuestes y descanses un rato. Yo en tu lugar, llamaría al médico esta misma tarde para pedir una cita.

–Te prometo que lo haré. ¡Gracias, Sara!

29. Una entrevista

–Estamos en el Centro de Salud Florecer y conmigo se encuentra la doctora Natalia Caballero, especialista en nutrición. Buenos días, doctora. ¿Podría decirnos cómo deben alimentarse nuestros estudiantes para mantenerse sanos?

–Buenos días, Juan. Para tener una vida sana es esencial seguir una alimentación saludable y nutritiva. En primer lugar, es preciso comer a diario frutas y verduras, que son alimentos ricos en vitaminas y fibra. También hay que comer legumbres. En cambio, no deben comer «comida basura» ni alimentos fritos, y deben reducir el consumo de grasa. También es aconsejable comer menos carne roja y más carne blanca (pollo, por ejemplo) o pescado. Y no coman dulces, ni tomen refrescos ni otras bebidas con azúcar. Beban agua mineral, que es lo más saludable.

–Y dígame, doctora: ¿es suficiente cuidar la alimentación para tener una vida verdaderamente saludable?

–La alimentación es esencial, pero para tener una vida sana es indispensable tener hábitos saludables. Seguro que nuestros chicos y chicas son amantes del deporte… Es muy importante que hagan ejercicio, que practiquen deportes. Deben cuidarse y descansar bien. Dormir poco no es saludable. Y cuando tengan exámenes y se sientan un poco estresados, es bueno que hagan ejercicios de relajación; se sentirán bien y estudiarán más y mejor. Además, es conveniente que vayan al médico y al dentista al menos una vez al año.

–Muchas gracias, doctora. Ya escucharon, chicas y chicos: la doctora Caballero recomienda alimentarse bien, hacer ejercicio e ir al médico una vez al año. Ser personas saludables es nuestra responsabilidad. ¡No lo olviden!

30. ¿Es un consejo?

1. Aldo, no estés tanto tiempo frente al televisor.
2. Me parece bien que entrenes para la carrera.
3. Yo en tu lugar, comenzaría a hacer ejercicio hoy mismo.
4. Debes comer más pescado y menos carne.
5. No comas dulces; come frutos secos.
6. Es bueno comer verduras y hortalizas todos los días.
7. Es necesario estirar los músculos antes de hacer ejercicios.
8. No cocines con mantequilla. Cocina con aceite de oliva.
9. Es mejor comer pescado que comer carne roja.
10. Deberías usar la crema solar todos los días.

31. Yo en tu lugar…

1. –¡Cuidado, Felipe! ¿Te has hecho daño?
   –¡Ay, me duele mucho el brazo!
2. –Alberto, ¿quieres un poco de pastel?
   –¡Qué rico! Pero es que estoy a dieta. Quiero bajar de peso.
3. –¿Qué te pasa Carolina? ¿Te sientes mal?
   –Me duelen mucho los ojos.
4. –¿Por qué estás triste, Paloma?
   –Es que César y yo nos enfadamos ayer, ¡y discutimos mucho!
5. –Julio, ¿qué haces? ¿Estás buscando algo por Internet?
   –Sí… Mañana es el cumpleaños de Marta y me gustaría regalarle algo.
6. –¿Qué vas a hacer este verano, Elvira?
   –No sé. Tengo tres semanas de vacaciones, pero no sé dónde ir. ¡Y todavía no he reservado hotel!

1. Un cultivador de café

Me llamo Eduardo Alzate y trabajo en el campo. Me dedico a cultivar café. En Colombia somos alrededor de quinientas mil familias cafeteras. Nuestro trabajo comienza cuando sembramos las plantas. Después de tres años de cuidados, recogemos la primera cosecha de granos rojos, que son los maduros, y les quitamos la cáscara. Después los lavamos y los dejamos secar para venderlos en el pueblo. Allí empacan el café en sacos y lo envían a un puerto. Luego, lo transportan en barcos a muchos lugares del mundo, donde lo tuestan y lo muelen para hacer el café que tú y millones de personas disfrutan cada mañana.

2. Por un mundo mejor

1. Colombianitos
   Colombianitos atiende a más de mil quinientos niños de zonas afectadas por la violencia en Colombia. Ofrecen a los niños educación y actividades deportivas y artísticas para que aprovechen su tiempo libre. De esta manera los preparan para llevar una vida saludable y productiva.
2. Promujer
   Promujer ofrece clases de educación empresarial a más de doscientas once mil mujeres pobres en Argentina, Bolivia, Perú, Nicaragua y México. Y también ofrece importantes servicios de salud y prevención de la violencia doméstica.
3. Fundación Elemental
   Fundación Elemental diseña y construye casas para familias pobres en Chile. *Elemental* busca promover el desarrollo social y la igualdad mediante la construcción de mejores vecindarios para las personas con menos recursos.

3. El sonido Y

payaso
reyes
maracuyá
yogur

4. El sonido CH

1. En mi mochila tengo lápices y cuadernos.
2. Tomo la sopa con cuchara.
3. Su chaqueta es azul.
4. Mi abuelo me regaló una tableta de chocolate.
5. ¿Dónde está la plancha?
6. Me gusta la ensalada de lechuga.
7. Llevé el cheque al banco.
8. En invierno encendemos la chimenea para calentarnos.

5. Las vacaciones de Yolanda

Me llamo Yolanda, vivo en Barbate
y ayer llegué a la playa en mi yate.
Hoy quema el sol a la orilla del mar,
pero tengo sombrilla y protector solar.
De día visitaré ciudades bellas
y por la noche miraré las estrellas.

6. ¡Qué profesionales!

1. Mi nombre es Alicia y soy buena con los números. Trabajo en una compañía de exportación. Me encargo de la economía de la empresa. Me encanta mi trabajo y gano un buen salario.
2. Yo soy Augusto. Por mi trabajo viajo mucho. Es importante estar en el lugar de la noticia para poder contar lo que pasa. Aunque en ocasiones puede ser peligroso, no quiero cambiar de trabajo. ¡Mi profesión es mi vida!
3. Me llamo Mariana. Mi trabajo no es fácil: tengo que escuchar con mucha atención los testimonios y lo que dicen los abogados, y luego decidir si las personas son culpables o no. Es un trabajo de mucha responsabilidad y compromiso porque mi deber es ser justa. Tengo que estudiar mucho, pero me gusta mi profesión.
4. Mi nombre es Antonio. El objetivo fundamental de mi trabajo es ayudar a las personas a comunicarse, aunque hablen en idiomas diferentes. Leo libros en inglés y los escribo en español. Así, las personas que no hablan inglés también pueden leerlos.

7. Buscando empleo

1. —Hola, Arturo. ¿Cómo te fue en la entrevista?
   —No estoy seguro. Dudo que ese trabajo sea para mí.
   —¿Por qué?
   —Es evidente que necesitan un psicólogo, no un trabajador social.
2. —Adriana, pareces muy contenta. ¿Qué tal la entrevista?
   —Es obvio que les gusta mucho mi propuesta... Estoy convencida de que van a contratarme.
   —¡Qué bien, te felicito!

Español Santillana. Speaking and Listening Workbook. Teacher's Annotated Edition

179

3. –Julio, ¿conseguiste el empleo?
   –Todavía no me han dado una respuesta, pero es posible que lo consiga. Sé que quieren a alguien con mi experiencia.
   –¡Fantástico!
4. –¡Hola, Sergio! ¿Firmaste el contrato con la empresa de ingeniería?
   –No creo que lo firme.
   –¿Por qué? He oído que pagan muy bien.
   –No estoy seguro de que el salario sea tan bueno como dicen.
5. –Cristina, tienes mucha experiencia como diseñadora gráfica. Sé que puedes hacer ese trabajo.
   –¡Gracias, José! Es una gran oportunidad para mí.

8. Luis quiere ser...

Estoy a punto de graduarme y debo decidir qué voy a estudiar en la universidad. Mi papá quiere que sea abogado como él. A mi mamá le gustan las ciencias y prefiere que yo sea científico. Ella es farmacéutica y dice que tengo que estudiar mucho para descubrir nuevos medicamentos y ayudar a las personas. Mi abuelo Mateo es comerciante y quiere que sea contador. Dice que si estudio para ser contador, puedo trabajar con él en su empresa. A mí me gusta viajar e investigar, y mis amigos dicen que debo ser periodista. Por otro lado, mis profesores me aconsejan que me lo piense bien antes de decidir qué quiero hacer en el futuro. Pero yo estoy seguro de lo que quiero: ¡voy a ser bombero!

9. ¡Cuántos mensajes!

1. Hermanita, no olvides limpiar nuestro cuarto. ¡Está muy sucio!
2. Hija, gracias por encargarte hoy de la casa. Te aconsejo que saques la basura primero y que después limpies la cocina.
3. Ana, princesa, soy el abuelo. No olvides llamar a tu abuela. Hoy es su cumpleaños.
4. Hola, Ana, soy tu tía Marina. Te llamo para que vengas a visitarme el domingo. ¿Te apetece? ¡Tengo muchas ganas de verte!
5. Anita, soy Jorge. No trabajes tanto y descansa. Llámame cuando puedas.
6. Hola, Ana. Soy tu profesora de Historia. Ya revisé tu trabajo. Mi consejo es que escribas dos páginas más y me las entregues el lunes.
7. Ana, soy Patricia. La película es a las siete.

Yo que tú comería algo antes de salir de casa. ¡Nos vemos!
8. Hola, Ana, soy Pedro. ¿Puedes ayudarme a preparar el examen de Matemáticas? ¡No entiendo nada!

13. Una mujer emprendedora

–Hola, Andrea. ¿Cómo estás?
–Hola, Sandra. Estoy muy bien, gracias. El próximo mes abriré mi propia agencia de publicidad. Es una empresa pequeña, ¡pero estoy muy emocionada! Ahora estoy buscando gente para completar mi equipo.
–Si puedo ayudarte, cuenta conmigo. ¿Cuántos empleados necesitas?
–Quiero contratar a tres publicistas que tengan al menos cuatro años de experiencia. Tienen que ser emprendedores y creativos, y es importante que sean entusiastas. Inicialmente trabajarán media jornada, pero tendrán posibilidades de ampliar su jornada y de ascender.
–No conozco a nadie que tenga experiencia como publicista.
–Puse un anuncio en el periódico y han contestado varias personas. También estoy buscando un diseñador gráfico que sepa mucho de computadoras y tenga experiencia en el trabajo publicitario. ¿Conoces a alguien?
–Mi amigo David es diseñador gráfico. Él es muy eficiente y responsable. ¿Cuáles son las características del puesto?
–El sueldo es bueno y trabajará a jornada completa, con tres semanas de vacaciones al año.
–¡Qué bien! Voy a llamarlo enseguida para que contacte contigo.
–Sí, dale mi teléfono o mi correo electrónico, por favor. Y dile que soy una jefa muy exigente pero amable. ¡Muchas gracias!

14. Diálogos

1. –Contraté a un excelente vendedor que está dispuesto a viajar fuera del país.
   –Tienes suerte, yo no encuentro a nadie que quiera viajar al extranjero.
2. –Necesito a alguien que tenga experiencia en ventas.
   –Conozco a una chica que ha trabajado varios años como vendedora.
3. –Busco a alguien que hable francés y alemán.

–En esta empresa hay un traductor que habla los dos idiomas.

4. –Estoy contratando ingenieros jóvenes que sean creativos y organizados.

–En esta universidad hay varios alumnos que tienen esas cualidades.

5. –¿Hay alguien en su clase que use estas computadoras?

–No, no hay nadie que las use. Mis alumnos utilizan las computadoras del aula de informática.

6. –Arturo, ¿conoces a algún escritor?

–Sí, tengo un amigo que escribe novelas. Si quieres, puedo presentártelo.

15. Una abuela moderna

–¿Sí?

–Hola, Carmen, soy la abuela. ¿Cómo estás?

–¡Hola, abuela! Estoy bien. Y tú, ¿cómo estás?

–Muy contenta. Me regalaron una computadora y me gusta mucho. Ya sé abrir y cerrar documentos. También sé bajar un archivo, y tu tío me enseñó a navegar por Internet y a mandar correos electrónicos.

–¡Qué bien, abuela! Ahora ya puedes escribirme. ¿Tienes alguna duda?

–Bueno, ahora quiero enviar una foto por correo electrónico y no sé cómo hacerlo.

–Ay, abuela, no te preocupes; es fácil. Primero, conecta la computadora, claro, y abre Internet. Para entrar en tu correo, ya sabes, escribe tu nombre y tu contraseña. Cuando estés dentro de tu correo, tienes que clicar con el ratón en «Nuevo mensaje». Escribe tu mensaje y luego clicas en «Adjuntar archivo»; después, tienes que tomar tu foto de la carpeta donde la guardaste e insertarla. Por último, envías el mensaje clicando en «Enviar».

–No parece muy difícil. ¡Muchas gracias, hija!

–De nada, abuela. Ah, y no olvides escribir la dirección de correo de la persona a la que escribes.

–No te preocupes, de eso sí me acuerdo. ¡Besos!

–Besos, abuela. ¡Chao! ¡Y escríbeme pronto!

16. ¿Quién es quién?

1. Alfredo pinta muy bien. Ha realizado varias exhibiciones. ¡Es un artista de primera!

2. Álex es muy alto y muy guapo. Es un modelo muy cotizado: todos los diseñadores quieren contratarlo.

3. Gabriela es muy famosa en México. Es una cantante pop, pero también canta muy bien las rancheras.

4. ¡María es como Sherlock Holmes! Ha investigado y resuelto muchos crímenes. Es una detective muy buena.

21. Sin Color

Sin Color es una organización no gubernamental que ayuda a proteger los derechos de los pueblos indígenas. Su principal tarea es educar en el respeto de los derechos humanos. Sin Color realiza diferentes proyectos para ayudar a la integración social de los pueblos indígenas. A través de conferencias y talleres en las escuelas, el equipo de voluntarios de Sin Color trabaja para fomentar la solidaridad y la tolerancia en la sociedad. La organización cuenta también con un equipo de abogados que atiende a personas sin recursos. Sin Color colabora con otras organizaciones no gubernamentales para promover una convivencia pacífica entre todos los ciudadanos. Muchos ciudadanos y empresas privadas ayudan a Sin Color donando tiempo y dinero.

22. ¡Somos voluntarias!

Hola, me llamo Lucía. Mi amiga Juana y yo estamos cooperando con una organización que ayuda a los niños y a las personas mayores con pocos recursos. Me emociona poder colaborar y ayudar a las personas necesitadas. ¡Y me alegra mucho que Juana trabaje de voluntaria conmigo! A mí me divierte jugar con los niños y ayudarlos en sus tareas. A Juana le fascina leerles libros a los ancianos. A las dos nos sorprendió que los niños nos recibieran con aplausos cuando llegamos y nos emociona ver con qué alegría nos esperan cada día. Realmente, el trabajo de voluntario es muy satisfactorio. ¡Me encanta!

23. Por una Sonrisa

Hola. Mi nombre es Julio y trabajo como voluntario en el proyecto Por una Sonrisa, un proyecto comunitario dirigido a chicos y chicas que tienen dificultades para aprender. Todos los sábados voy con el grupo de voluntarios a la biblioteca. Allí ayudamos a los chicos a hacer sus tareas. Yo atiendo a los chicos que tienen dificultades con la lectura. A mis amigos les sorprende que yo vaya a la biblioteca todos los sábados, pero a mí me alegra mucho poder colaborar en el proyecto. ¡Es que me preocupa que los chicos no aprendan y lo pasen mal en la escuela!

Mi familia coopera también con la organización donando libros, lápices y cuadernos para los chicos con menos recursos. Mi padre dice que mi trabajo es muy importante. Ser solidario me ayuda a ser mejor ciudadano. ¡No te pierdas esta experiencia, colabora con nosotros!

24. Las dificultades no importan

1. Aunque no tengo mucho dinero, cooperaré en este proyecto.
2. Aunque sea difícil, seré un ciudadano ejemplar.
3. Juan trabaja como voluntario, a pesar de tener un puesto de jornada completa.
4. La organización funciona a pesar de que no tiene muchos recursos.
5. A pesar de que no es amable, el director es eficiente.
6. Inés trabajó en la fundación toda la tarde, aunque estaba cansada.
7. A pesar de que no tengo ganas de ir al teatro mañana, allí estaré.
8. Aunque no quiera, seré simpático con Luis en la reunión de mañana.

29. Mi amigo Leonardo

Mi amigo Leonardo está estudiando para ser profesor de Historia. Ayer me encontré con él y me pidió que le aconsejara. Él quiere ser voluntario en una ONG que trabaja por la educación de niños y adultos con pocos recursos económicos. La tarea principal de esta ONG es enseñar a leer y a escribir. Leonardo dice que la educación es muy importante y que todos debemos ser más solidarios y generosos. Cuando pidió información a la ONG, le dijeron que presentara una solicitud y un ensayo explicando por qué quiere cooperar con esta organización. Yo le dije que contara su experiencia de ayuda a otras personas en su comunidad. Espero que lo acepten como voluntario. Mi amigo Leornardo es un ciudadano muy comprometido. Yo estoy orgulloso de ser su amigo.

30. ¿Qué pasa con el ascenso de Juan?

1. Estoy segura de que a Juan le gustaría que lo ascendieran a coordinador de su sección.
2. No estoy seguro de que ese ascenso sea bueno para él.
3. Dudo que tenga un salario alto, pero el puesto tiene más beneficios.
4. No es verdad que tenga los mismos beneficios que en su cargo actual.
5. Aunque tenga más beneficios, la responsabilidad es muy grande.
6. Sé que el puesto tiene muchas ventajas porque yo también fui coordinador.
7. A pesar de que Juan es muy eficiente, es difícil que ascienda.
8. Es posible que le hayan comunicado ya el ascenso y no lo sepamos.
9. Aunque no me asciendan, seguiré trabajando con entusiasmo.

31. El nuevo trabajo de Mariana

Mi hija Mariana es traductora y ha encontrado su primer empleo. Trabajará en una empresa importante. Ayer nos llamó por teléfono y nos dijo que va a trabajar solo media jornada y su salario no será muy alto, pero tendrá una semana de vacaciones por contrato. A mi esposo Alfredo y a mí nos preocupaba que no encontrara empleo, pero Mariana es una chica muy eficiente y responsable. ¡Estoy segura de que pronto ascenderá a un puesto de más responsabilidad! A Alfredo y a mí nos alegra mucho que trabaje y que ella esté tan contenta.

32. Una entrevista en la calle

–Buenos días. ¿Cuál es su nombre y en qué trabaja?

–Hola. Mi nombre es Ramón y soy periodista. Trabajo en un periódico local.

–Encantado, Ramón. ¿Cómo cree que debe ser un periodista?

–Un periodista debe ser creativo, responsable y organizado. ¡Yo soy muy exigente conmigo mismo! Mi mayor preocupación es informarme bien y ser fiel a la realidad cuando escribo una noticia.

–¿A qué otros profesionales conoce por su trabajo?

–Bueno, conozco a abogados, funcionarios, políticos, científicos, empresarios... Debido a mi trabajo siempre estoy entrevistando a otros profesionales. Tengo mucha suerte porque todos ellos son personas muy interesantes.

–¿Y qué está haciendo usted ahora, Ramón?

–Ahora estoy escribiendo un artículo sobre una ONG que trabaja para proteger los derechos humanos en Honduras. Aunque no sea fácil, colaboraré con ellos. Todos podemos ayudar a construir un mundo mejor.

–Así es. Gracias, Ramón, ¡y buena suerte!

1. De viaje por las Américas

Son varias las líneas aéreas de países hispanos que vuelan a distintos lugares del mundo. Aerolíneas Argentinas es la línea aérea más importante de Argentina. Ofrece vuelos a las principales ciudades argentinas y a otras ciudades de Suramérica y Centroamérica. También ofrece vuelos a Europa, Nueva Zelanda y Australia.

LAN es la mayor línea aérea de Chile. Esta línea aérea ofrece vuelos a casi todas las capitales de América del Sur. También vuela a México, el Caribe, los Estados Unidos y Europa.

La línea aérea colombiana Avianca es una de las más antiguas del mundo. Avianca vuela a las principales ciudades de Colombia y a muchas ciudades de Suramérica y Centroamérica. También tiene vuelos a los Estados Unidos y a España.

COPA es la principal aerolínea panameña y una de las más importantes de Centroamérica. COPA vuela a Centroamérica y el Caribe, a varios países de América del Sur, a los Estados Unidos y a Canadá.

Aeroméxico es la compañía aérea más importante de México. Cubre numerosos destinos en el interior de este país, y vuela a las principales ciudades de Centroamérica, Suramérica y el Caribe. Aeroméxico también vuela a los Estados Unidos, Canadá, Francia, España, China y Japón.

2. Sílabas tónicas

1. práctico
2. diálogo
3. robó
4. viaje
5. bebé
6. terminó
7. papa
8. camino
9. género

3. Con acento gráfico

telón
después
trébol
automóvil
azúcar
débil
último
sábado
periódico
acuático

4. Debajo de un botón

Debajo un botón, ton, ton,
que encontró Martín, tin , tin,
había un ratón, ton, ton,
¡ay, qué chiquitín, tin, tin!
¡Ay, qué chiquitín, tin, tin,
era aquel ratón, ton, ton,
que encontró Martín, tin, tin,
debajo un botón, ton, ton!

5. ¡Cuántos espectáculos!

1. –Mira, Camila, todas las butacas están ocupadas.
   –Sí, Roberto, la sala está llena. Esta compañía es muy conocida. ¡Sus bailarines son fantásticos! El año pasado intenté ir a verlos bailar *El lago de los cisnes*, pero no conseguí boletos.
   –Ya va a empezar. ¡Qué emoción!
2. –Hola Mariela. ¿Te gustó el espectáculo de anoche?
   –¡La función estuvo increíble! Los actores entraron bailando y cantando por los pasillos del teatro y continuaron en el escenario. Yo había visto la película, pero el espectáculo es diferente.
3. –Diego, esta película es muy romántica.
   –No, Carolina, es una película de terror. ¡Es de vampiros!
   –Pero los vampiros están enamorados.
   –Ah.
4. –Pedro, ¿te gustó la función?
   –¡Me encantó! Había leones, elefantes, acróbatas, magos y payasos. El público estaba encantado con los payasos. ¡Qué graciosos!
5. –Mamá, ¿dónde están los músicos?
   –Están delante del escenario, Sofía. ¿Los ves?
   –Sí, ya los veo. Qué bien canta la protagonista. ¡Y la decoración del escenario es impresionante! Parece que están en Egipto.
6. –Hola, Miriam. ¡Qué sorpresa encontrarte aquí!
   –No podía perdérmelo. ¡Me encanta este grupo musical! Siempre estoy escuchando sus canciones.

6. ¿Salimos esta noche?

–Juan, hoy he tenido un día muy pesado. ¿Quieres que salgamos esta noche?

Español Santillana. Speaking and Listening Workbook. Teacher's Annotated Edition

183

–Me parece muy buena idea. ¿Qué quieres hacer? Yo estaba mirando la cartelera en el periódico…

–¿Y has encontrado algo?

–Hay una obra de teatro que parece muy buena. También podemos ir a un concierto de música clásica o al cine, aunque me parece que la obra de teatro es mejor. ¿Qué prefieres tú?

–Yo prefiero ver una película cómica.

–Está bien. Creo que hoy estrenan una película muy divertida en el cine Paraíso. Leí que el protagonista es un actor español muy famoso.

–¡Sí, me apetece! Vamos al cine.

–De acuerdo, pero vámonos ya. No me gusta hacer fila en la taquilla para comprar los boletos.

–¡A mí tampoco! En un segundo estoy lista, te lo prometo.

7. Opiniones diferentes

–Arturo, ¿qué te pareció la película? A mí me gustó mucho. Creo que ganará muchos premios.

–Yo no creo que gane muchos premios, Susana. Me parece que tiene escenas poco creíbles.

–¿Poco creíbles? Pues a mí me parece que tiene escenas de suspenso geniales… Aunque no me parece que la protagonista sea muy buena actriz.

–Pues a mí me parece que la actriz es lo mejor de la película. Es excelente.

–Bueno, ¡parece que hemos visto películas diferentes! Creo que es mejor que hablemos de otra cosa.

–¿Por qué? No creo que sea un problema tener opiniones diferentes. ¿Quieres que vayamos a ver otra película?

8. ¿Opiniones o cortesía?

1. –¿Puedo ayudarla?
   –Sí, gracias. ¿Podría ayudarme a encontrar mi asiento?
   –Con mucho gusto.
2. –Hola, buenas tardes. Quería devolver estos dos boletos…
   –Lo siento mucho, señora. No aceptamos devoluciones de boletos para la función del día.
3. –¿Vamos a comprar los boletos por Internet?
   –Me parece que es la mejor opción.
4. –¿Quieres que vayamos a ver esta película?
   –No creo que sea muy buena idea.

5. –¿Me podría decir a qué hora empieza la función?
   –Por supuesto. La función empieza a las nueve.
6. –¿Has leído esta novela?
   –No, pero supongo que estará bien. Me parece que el autor es muy interesante y sus novelas son siempre sorprendentes.

13. Fútbol: ayer y hoy

Queridos aficionados. Llegamos al final del campeonato, el peor que el equipo Los Zorros ha hecho en mucho tiempo. De los dieciséis partidos jugados, Los Zorros han ganado solo uno. Así es, queridos oyentes: ¡los Zorros suman en total quince derrotas y una sola victoria! Los aficionados se mantuvieron fieles a su equipo, pero nada impidió que Los Zorros perdieran un partido detrás de otro. ¡Qué tristeza!

El último partido no fue diferente del resto de la temporada. El primer tiempo terminó con el marcador a cero; pero en el segundo tiempo el equipo visitante marcó un gol y se llevó la victoria. Los jugadores de Los Zorros estaban muy tristes por la derrota. Esperemos que en el próximo campeonato jueguen mejor. Los espero mañana en un nuevo programa de *Fútbol: ayer y hoy*. ¡Gracias por estar con nosotros un día más!

14. El campeonato de remo

–Hola, José, dentro de una semana tenemos la final del campeonato de remo. ¿Vas a participar?

–Quizá compita, Pedro, pero todavía no lo sé con seguridad. Ese mismo día es la regata de vela y mi papá quiere que participe con él. Tal vez tenga que escoger entre los dos eventos.

–¿Y tu hermano Luis podrá participar?

–Quizás él sí pueda. Además, a él le gusta más el remo que la vela. A propósito, ¿dónde está Luis? Ya casi empieza nuestro entrenamiento de baloncesto.

–Estará en la biblioteca, terminando las tareas.

–Hum, no creo. Tal vez se equivocó de cancha.

–Pues entonces estará en la piscina.

–Sí, tal vez esté allí. Voy a buscarlo.

15. Semana deportiva

¡Bienvenidos a nuestra Semana deportiva, una auténtica fiesta del deporte! Todos los días tendremos diferentes eventos. El lunes por la mañana habrá competencia de natación en la piscina de la escuela. Por la tarde tendremos la carrera de ciclismo en la pista central. Cada ciclista debe traer su casco.

El martes por la mañana pueden asistir a la regata de vela que tendrá lugar en Playa Bonita. Los aficionados podrán ver a los deportistas desde la orilla.

El miércoles por la tarde se celebrarán las finales de atletismo en el estadio municipal. El jueves por la mañana tendremos el campeonato de remo, en Playa Bonita, y por la tarde habrá un partido de baloncesto en la cancha de la escuela.

Los ganadores recibirán distintos premios. ¡No dejen de participar!

16. Finalidad

–¿Adónde vas, Jorge?
–Voy a ver al entrenador para que me dé el uniforme.
–¿El uniforme?
–Sí, Fran, lo necesito para jugar la final del campeonato de baloncesto.
–Ah, claro. Yo tengo que ir a la biblioteca.
–¿A qué vas hoy a la biblioteca?
–Voy a recoger unos libros para mi hermana.
–Y después de ir a la biblioteca, ¿qué vas a hacer? ¿Quieres que vayamos al cine?
–Sí, me parece un buen plan.
–Si quieres, nos vemos más tarde y me llevo la cartelera para que la veas.
–Estupendo. Hasta luego entonces.

21. Un viaje a Japón

–¡Pablo, estoy tan emocionada con nuestro viaje a Japón! Tenemos casi todo preparado, ¿verdad?
–Sí, Sara. Nuestros pasaportes están actualizados y mañana tenemos cita en la embajada para solicitar la visa. Tenemos que tener toda nuestra documentación en orden para el control de pasaportes. ¿Tú averiguaste algo de los boletos? Nos conviene comprar boletos de ida y vuelta.
–Sí, no te preocupes. Busqué vuelos por Internet esta mañana. Como viajaremos en temporada baja, los boletos no son tan caros. Había plazas disponibles tanto a la ida como a la vuelta y ¡ya hice la reserva! Eso sí, es un vuelo con escalas: será un viaje largo. Para

que no nos cancelen la reserva, tenemos que confirmarla en las próximas cuarenta y ocho horas.
–Perfecto. Ahora tenemos que buscar hoteles o pensiones en cada ciudad.
–Sí, ojalá no sean muy caros y estén bien situados. Prefiero un hotel en el centro de la ciudad que en las afueras.
–Vamos a ver qué encontramos en Internet.

22. ¿Qué dijeron?

1. Señores pasajeros, les habla el auxiliar de vuelo. Les informamos de que el vuelo con destino a Madrid tiene retraso. Por favor, hablen con un empleado para confirmar la hora de salida.
2. ¡Atención! Todos los pasajeros del vuelo procedente de Buenos Aires con destino a Boston deben dirigirse a la terminal cuatro y esperar en la puerta de embarque. Su vuelo tiene media hora de retraso. Perdonen las molestias.
3. Este es un aviso para los pasajeros del vuelo con destino a Lima (Perú). Tengan su pasaporte y su tarjeta de embarque a mano. Si tienen algún problema con su boleto o su equipaje, vayan al mostrador de la línea aérea. ¡Gracias por su atención!

23. De visita en la ciudad

–Buenos días. ¿Puede decirnos dónde podemos tomar un taxi?
–Sigan por este pasillo hasta donde está el cartel de SALIDA. Allí, encontrarán la parada de taxis.
–¿Adónde las llevo, señoritas?
–¿Sabe dónde podemos encontrar un hotel bonito y económico?
–El hotel Divino está en el centro, en una zona donde hay muchas tiendas y restaurantes. Y ahora tiene descuentos en sus tarifas.
–¡Qué bien! ¡Muchas gracias!
–Buenas tardes. Necesitamos una habitación para dos. Nos gustaría una habitación desde donde se vea el mar.
–Por supuesto, la habitación 348 está disponible. Desde allí, pueden ver el mar.
–¡Fenomenal!

24. Equipaje extraviado

–Hola, Carolina. ¿Qué tal tu viaje de negocios a Guatemala?

–Hola, Rebeca. Estoy muy enojada. ¡En el vuelo de regreso se me perdió el equipaje!

–¡No! ¿Cómo es posible?

–Así es. ¡Y no te vas a creer lo que me dijeron en el mostrador de la línea aérea!

–¿Qué te dijeron?

–«En estos momentos no sabemos dónde está su equipaje». Eso es todo.

–¿En serio?

–Y me sugirieron que en mi próximo viaje comprara un seguro de equipaje. Ahora me dicen que me pagan sesenta dólares por las molestias. ¿Te imaginas?

–¿Y qué vas a hacer?

–Les voy a decir que no acepto los sesenta dólares. Y voy a escribir una carta de reclamación para enviarla a la oficina central de la línea aérea.

–¡Muy bien!

29. Distintos lugares

1. –Esteban, el teatro está lleno, todas las butacas están ocupadas. ¡Mira, ya suben el telón!

   –Sí, Ana. En unos segundos va a comenzar la función.

   –Creo que es una obra muy divertida.

   –No, Ana, me parece que es una obra dramática.

2. –Mira, Antonio, los jugadores de las camisetas blancas son del equipo visitante.

   –¿Qué jugadores, Pedro?

   –Allí, a la derecha. Desde tu sitio los puedes ver.

   –A ver... Allí veo a unos chicos con camisetas verdes, que son el equipo local... ¡Ah sí, ya veo al equipo visitante!

   –El último partido terminó en empate. A lo mejor hoy logramos ganar.

   –¡Sí, sí, espero que nuestro equipo gane hoy! ¡Me encanta el fútbol!

3. –Buenas tardes. ¿Podría mostrarme su pasaporte y su tarjeta de embarque, por favor?

   –Sí, aquí están.

   –¿Es un viaje de negocios?

   –No, es un viaje de placer.

   –Muy bien. Que tenga un feliz viaje.

   –Gracias.

4. –Gabriel, ¿ya están listos los nadadores?

–Supongo que sí. Mira, Rafael, allí está el campeón del año pasado.

–Creo que esta es la competencia de natación más importante del año.

–¡Y nosotros los mejores aficionados!

30. Un partido importante

–Hola, Mateo. ¿Cómo estás?

–Bien, Felipe. ¿Y tú cómo estás?

–Un poco nervioso. No dejo de pensar en el fin de semana.

–¿Qué pasa el fin de semana?

–¡El partido de baloncesto, Mateo! Este fin de semana es el partido de baloncesto contra Los Pumas en la cancha de la escuela. ¡Es muy importante! El entrenador nos dijo que el equipo visitante es muy rápido y que debíamos estar preparados.

–Lo sé, Felipe. Es importante ganar este partido para pasar a las finales de baloncesto. Además, no podemos decepcionar a los aficionados.

–¡Claro!

31. Opiniones sobre una obra de teatro

–Hola, Andrea. ¿Qué planes tienes para esta noche?

–Hola, Julia. Quiero ver una obra de teatro.

–Es un buen plan. ¿Y qué obra quieres ver?

–Me recomendaron *El mago*. ¿La has visto?

–Sí, la vi la semana pasada.

–¿Y qué te pareció?

–A mí me parece que no es una obra muy buena, Andrea.

–¿Por qué? ¿No te gustó?

–Yo me quedé dormida en la butaca. Los diálogos eran larguísimos y sin emoción. Y me parece que el resto de la audiencia pensó lo mismo. Se escucharon muy pocos aplausos cuando bajó el telón.

–Pero el protagonista es un gran actor. A mí me parece que ha hecho excelentes papeles en el cine.

–Tal vez sea un buen actor de cine, Andrea, pero no me parece que sea un buen actor de teatro.

–Quizás deba ver otra obra. ¿Cuál me recomiendas?

–Creo que no debes perderte *Impaciencia del corazón*. Es una obra muy bonita.

–Gracias, Julia. Te llamaré para contarte qué me parece la obra.

1. El calendario maya

El calendario maya es, en realidad, un sistema de calendarios usado en Centroamérica desde hace más de dos mil años. Consta de tres calendarios diferentes que se complementan: el calendario sagrado, el calendario civil y la cuenta larga.

El calendario sagrado es, según se cree, el más antiguo de los tres. Tenía una duración de doscientos sesenta días. Servía para pronosticar el inicio y la duración del período de lluvias y regía las labores agrícolas. También se usaba para predecir el destino de las personas.

El calendario civil duraba un año solar (trescientos sesenta y cinco días) y se usaba para planear las actividades de la comunidad.

La cuenta larga es un calendario que abarca desde el principio de los tiempos. Servía para registrar los eventos políticos importantes en la vida de la comunidad.

El calendario maya refleja los conocimientos matemáticos y astronómicos que alcanzaron las culturas precolombinas sobre los ciclos de la naturaleza y el universo. Muchas comunidades indígenas de México y Guatemala lo usan todavía hoy en su vida cotidiana.

2. Unas montañas muy altas

La Sierra Nevada de Santa Marta es una cadena montañosa de la Cordillera de los Andes situada al norte de Colombia. Es la cadena montañosa costera más alta del mundo: alcanza los cinco mil setecientos metros de altura en sus puntos más altos, que son las montañas Cristóbal Colón y Simón Bolívar. Desde lo alto de estas montañas, cubiertas de nieve, es posible ver el mar Caribe.

En la Sierra Nevada de Santa Marta existen diferentes ecosistemas. Allí es posible encontrar numerosas especies de animales que no existen en ninguna otra parte del mundo.

La Sierra Nevada está habitada en la actualidad por varios grupos indígenas descendientes de los Tayronas, los pobladores originales. Para ellos, la Sierra Nevada es el corazón de la Tierra y deben cuidarla para que la Tierra sobreviva.

3. Marinero en tierra

¡Qué altos
los balcones de mi casa!
Pero no se ve la mar.
¡Qué bajos!

Sube, sube, balcón mío,
trepa el aire, sin parar:
sé terraza de la mar,
sé torreón de navío.

4. Adivina, adivinanza

1. En Melilla hay tres,
en Madrid ninguna,
en Castilla dos
y en Galicia una.

2. En cualquier día
de la semana me verás,
excepto el domingo,
que no me encontrarás.

3. Mi sombrero es una ola,
estoy en medio del año,
nunca estoy en caracola
y sí al final del castaño.

5. ¿Con qué palabras riman?

beso
playa
camino
pluma
conejo
flores
helada
ninguna
actriz

6. Puntos calientes de biodiversidad

El concepto de puntos calientes de biodiversidad fue propuesto por el ecologista británico Norman Myers para referirse a las zonas del planeta que tienen especies de flora y fauna únicas en peligro de extinción debido a factores como la deforestación, la contaminación y el cambio climático.

La Provincia Florística del norte de California, los Andes tropicales y las islas del Caribe son puntos calientes de biodiversidad. En ellos están ocurriendo catástrofes ecológicas que afectan a los ecosistemas y a las personas. Definir los puntos calientes de biodiversidad en el planeta ayuda a concienciar sobre la importancia de conservar los recursos naturales y proteger el medio ambiente.

7. Una profesión importante

−¿Qué haces, Juan?
−Estoy terminando mi solicitud para la universidad.
−¡Qué bien! ¿Qué vas a estudiar?

–Quiero estudiar Ciencias Ambientales en la Universidad Autónoma de Barcelona. Tengo que esperar hasta el próximo mes para saber si me admiten.

–Parece una carrera muy interesante.

–Lo es. Además, es muy importante para nuestro planeta. A mí me preocupa mucho el medio ambiente. Hay que reciclar y ahorrar energía para que no se agoten los recursos naturales. Y si protegemos el medio ambiente, podemos evitar catástrofes ecológicas.

–Tienes razón. Yo voy a empezar a ir a la escuela en bicicleta. Si logro levantarme temprano, claro.

–¡Buena idea, Luis! Y si usas más el transporte público, ayudarás a reducir la contaminación.

–Sí, es verdad… Y si no te admiten en la universidad, ¿qué harás?

–Buscaré otra universidad. Pero espero que me admitan.

–Por cierto, Juan, te apetece jugar esta tarde al tenis.

–Tengo que estudiar, pero si termino temprano, iré a jugar contigo.

–Estupendo. ¡Nos vemos!

–¡Hasta luego!

8. Un viaje de investigación

–Hola, chicos. La próxima semana vamos a ir a una reserva natural. David, ¿sobre qué te gustaría investigar en la reserva?

–Si pudiera elegir, investigaría sobre las especies en peligro de extinción.

–¿Y tú, Adriana?

–Yo prefiero estudiar los insectos de la reserva. Me gustan mucho los insectos, sobre todo las mariposas.

–¿Tú qué harías, Marcela?

–¡Aprendería sobre los anfibios! Sé que en la reserva hay varias especies únicas.

–Y tú, Manuel, ¿sobre qué investigarías?

–Si yo pudiera elegir, estudiaría los mamíferos de la reserva. ¡Son muy interesantes!

–Y a ti, Irene, ¿qué te gustaría hacer en la reserva?

–Yo investigaría sobre los efectos de la deforestación en el ecosistema de la reserva.

–Muy bien, chicos. Creo que han elegido temas muy interesantes. ¡Nos vemos la próxima semana!

9. Las mareas negras

Las mareas negras son una catástrofe ecológica que se produce por el derrame de petróleo en el mar. Las mareas negras causan grandes daños en los ecosistemas marinos: mueren muchos peces y muchas aves, se producen cambios en la flora y la fauna, cambian los hábitos migratorios de algunas especies y se pierden paisajes de gran valor natural.

En ocasiones, las mareas negras pueden poner también en peligro la salud de las personas, ya que contaminan las playas y los alimentos de las zonas afectadas. Y tienen consecuencias económicas negativas en las zonas afectadas porque hay que dedicar muchos recursos económicos a limpiar la contaminación.

13. Nunca llueve a gusto de todos

–¡Ya está lloviendo otra vez! Llueve a cántaros desde hace dos días. ¡Odio los días lluviosos!

–¿De verdad, Sandra? ¡A mí me encantan! Me preparo una taza de chocolate caliente y me siento a leer o a escuchar música…

–Suena bien, Claudia, pero a mí los días lluviosos me ponen triste. ¿Y a ti, Roberto, te gustan los días lluviosos?

–No me gustan mucho. Prefiero la nieve. Cuando hay una nevada, siempre salgo a jugar. Me gusta ver la escarcha y patinar en el hielo. Yo creo que a Sandra le gustan los días nubosos.

–¡Pues no! Yo adoro los días soleados y despejados. Pero me gusta cuando llovizna y hace sol y sale el arco iris. ¡Me encanta el arco iris! ¿Y tú, Joaquín, qué tiempo prefieres?

–A mí me encantan los días de tormenta. Me gusta el sonido de los truenos y la luz de los relámpagos. ¡Me parece que estoy dentro de una película de terror!

–¡Ay, por qué no para de llover!

14. Amenaza de lluvia

–Hola, mamá.

–Hola, hija. ¿Ya terminaste tus clases de hoy?

–Sí, mamá, ya terminé. ¿Estás en casa?

–Sí, pero voy a salir a comprar antes de que empiece a llover.

–Sí, está muy nublado. Parece que hoy lloverá a cántaros.

–¡Vaya día! ¿Y tú qué vas a hacer ahora?

–Quería ir al gimnasio. Ya sabes que me gusta hacer ejercicio cuando salgo de la escuela, pero…

–¿Y por qué no vas ahora mismo?

—Estoy segura de que empezará a llover cuando esté en el gimnasio y no quiero mojarme a la salida. Creo que me quedaré en casa. Cuando llegue, haré las tareas. Y tú, ¿qué harás después de la compra?

—Cuando vuelva, prepararé la cena.

—Avísame cuando llegues y te ayudo.

—Muy bien. ¿Qué quieres hacer después de cenar?

—¡Vamos a ver la telenovela, como siempre!

—Está bien. Nos vemos en un rato.

15. Astrónomos famosos

Antes de que en el siglo XVI Nicolás Copérnico descubriera que la Tierra se movía alrededor del Sol, los astrónomos pensaban que nuestro planeta era el centro del universo. Años después de que Copérnico propusiera su teoría sobre el sistema solar, Kepler demostró que los planetas se mueven alrededor del Sol en órbitas elípticas. En el siglo XVIII, William Herschel estudió el movimiento de las estrellas con sus propios telescopios e hizo un mapa donde mostró el lugar que ocupaba la Tierra en la Vía Láctea. En el siglo XX, el astrónomo norteamericano Edwin Hubble confirmó la existencia de otras galaxias, además de la nuestra. Y ahora sabemos que la Tierra, que los antiguos astrónomos creían que era el centro de todo, es solo una pequeñísima parte del universo.

16. El jardín de Tina y Eloy

—Tina, ¿qué vamos a hacer con el jardín? Creo que no lo hemos cuidado lo suficiente.

—Yo no creo que no lo hayamos cuidado, Eloy. Cuando haya pasado la luna llena, cortaremos las ramas de los árboles. Dicen que así los árboles crecen mejor y dan más frutos.

—Lo mejor es que lo hagamos nosotros. No creo que el jardinero que contratamos la última vez hiciera un buen trabajo.

—Y cuando haya terminado el invierno… ¡plantaremos flores!

—Me parece muy bien que hayas decidido plantar flores. Creo que las flores son alegres y bonitas.

—Sí, ¡nuestro jardín será muy bonito! Eloy, el cielo está muy nuboso, ¿verdad? Me parece raro que no haya empezado a llover.

—¡Mira, ya están cayendo gotas! Voy a dormir un rato. ¿Puedes llamarme cuando haya dejado de llover, por favor?

—Claro.

21. Desastres naturales

En el año 2005 ocurrieron muchas catástrofes naturales. El huracán Katrina, el terremoto de Cachemira y las inundaciones en Europa, la India y los Estados Unidos despertaron la solidaridad mundial. Sin embargo, casi no se habló de la tragedia de El Salvador, golpeado por varias catástrofes naturales en solo una semana. Primero, un fuerte terremoto afectó a San Salvador. Luego, la erupción del volcán Santa Ana desplazó a miles de personas de sus hogares. Pocos días después, las fuertes lluvias generadas por el huracán Stan ocasionaron inundaciones que destruyeron miles de viviendas, hospitales, escuelas, puentes, carreteras y redes de servicios públicos.

22. Voluntaria en Haití

—Rosa, escuché que vas a ir a Haití este verano. ¿Por qué a Haití?

—Porque quiero ayudar a los haitianos, Lina.

—¿Ayudarlos? ¿Por qué?

—Porque hubo un terremoto devastador en 2010. Fue un terremoto de siete grados en la escala de Richter. Miles de personas perdieron sus casas. Quiero pasar seis semanas allí porque todavía hay que reconstruir muchas cosas. Además, debido a este desastre natural, aumentó la pobreza de la población haitiana, que sufre la falta de comida, agua y medicinas. Por eso quiero ir a ayudar.

—Me parece una idea excelente. Tenemos que ser solidarios y ayudar a las personas que lo necesitan. Espero que me cuentes todo cuando vuelvas.

—¿Y por qué no te vienes conmigo?

23. Los recursos naturales

La naturaleza nos ofrece dos tipos de recursos: los recursos renovables y los recursos no renovables. Los recursos renovables son aquellos que no se agotan, como la madera, la luz solar, el agua o el viento. Los recursos no renovables son aquellos que tardan mucho tiempo en producirse y pueden llegar a agotarse. Ejemplos de recursos naturales no renovables son el carbón, los minerales, los metales y el gas natural. Cuidar y proteger nuestros recursos naturales es una tarea de todos.

24. Ayuda humanitaria

–Hola, Silvia, ¿qué dice el periódico? Te veo tan preocupada…

–Estoy leyendo que la sequía en Centroamérica está causando graves problemas y parece que a nadie le importa.

–Eso no es cierto, Silvia. Los voluntarios de la Cruz Roja llevan una semana entregando alimentos a la gente en esa región.

–¡Qué bien! ¿Y cómo puedo colaborar con ellos?

–La Cruz Roja está pidiendo que se hagan donaciones. Tú puedes donar dinero o alimentos.

–Voy a hablar con mis padres y en la escuela. También voy a llamar a mis amigos. Si todos colaboramos, podemos ayudar a las personas que lo necesitan.

–Es una gran idea. Yo voy a hacer lo mismo en mi escuela.

29. ¡A reciclar!

–Hola, Lupe.

–Hola, Paola. ¿Qué estás haciendo con todas esas bolsas?

–Estoy separando la basura para reciclarla. El papel, el vidrio y el plástico deben ir en contenedores diferentes.

–Yo nunca he entendido el propósito del reciclaje. ¿Me lo explicas?

–Si separamos la basura orgánica de materiales como el papel, el cartón, el plástico, el vidrio o el aluminio, estos materiales se pueden utilizar otra vez y esto ayuda a la economía del país y al medio ambiente. Además, el reciclaje reduce la contaminación y ayuda a conservar los recursos naturales.

–¡Entonces es importantísimo reciclar!

–¡Claro! Siempre acuérdate de las tres erres.

–¿Las tres erres?

–Sí: reducir, reutilizar y reciclar.

–¡Nunca se me olvidará!

30. Conversaciones sobre el tiempo

1. –Gabi, ¿qué dice la radio sobre el temporal?
   –Que se espera que llueva todo el día. Y mañana también.
   –Si sigue lloviendo así, no podremos ir al cine mañana.

–Podemos ir al cine cuando ya no llueva, ¿no te parece, Raúl?

2. –¿Juan, ves esas nubes negras? Parece que va a haber tormenta.
   –¡Qué mala suerte, Andrés, siempre llueve cuando tenemos partido de fútbol!
   –La lluvia no importa, pero si hay truenos y relámpagos, no podremos jugar. ¡Es muy peligroso!
   –Si nos damos prisa, llegaremos a casa antes de que empiece a llover.
   –Corre, que ya están cayendo gotas…

3. –Pedro, despiértate. Ha dejado de llover y el día está despejado. ¿Quieres ir a tomar un helado?
   –No, Carla. Dudo que haya dejado de llover. Cuando me acosté, estaba lloviendo a cántaros.
   –Si miras por la ventana, verás que hay sol. ¡Venga, Pedro, no seas perezoso! Salgamos antes de que empiece a llover otra vez.

31. Amenazas al medio ambiente

–Hola, Julián. ¿Qué haces?

–Hola, Daniela. Estoy leyendo un libro sobre amenazas al medio ambiente y desastres naturales.

–¡Qué interesante! Si tuviera tiempo, yo también lo leería. ¿Qué dice el libro?

–Pues que si todos fuéramos responsables, habría menos contaminación. Y que si los gobiernos fueran más estrictos con las compañías, estas se verían obligadas a respetar los ecosistemas y el medio ambiente.

–Es cierto. Además, si recicláramos, no habría tanto peligro de que se agotaran los recursos naturales.

–Muchos de los desastres naturales son provocados por el daño causado al medio ambiente. Si la contaminación aumenta, el calentamiento global y el efecto invernadero también aumentan. Y si sube la temperatura de los océanos, por ejemplo, la fuerza de los ciclones aumenta. Por eso es importante entender que si nosotros no cuidamos y protegemos el medio ambiente, los desastres naturales serán cada vez más frecuentes y peores.

–Sí, todos debemos colaborar.

32. El huerto familiar

–Hola, Mariano. ¿Por qué madrugas tanto hoy, sábado?

–Buenos días, Rafael. Voy a trabajar en el huerto.

–¿Tienes un huerto?

–Sí, y toda mi familia colabora en las tareas del huerto.

–¿Y cómo organizan las tareas?

–Primero pondré a secar las semillas. Cuando las semillas se hayan secado, mi hijo Fernando las sembrará en un semillero. Después de que hayamos sembrado las semillas, debemos regar las plantas. A Lucía, mi hija menor, le encanta ese trabajo. Cuando hayan salido las primeras hojas, mi hijo José comprobará que no haya insectos. Esta tarea es muy importante. Si hay insectos, las plantas pueden enfermar. Antes de que hayan salido todas las hojas, hay que plantar las plantas en el huerto, teniendo mucho cuidado de no dañar la raíz. Laura, mi esposa, es muy cuidadosa: ella se encargará de esta tarea. Por último, cuando las plantas hayan crecido y hayan dado su fruto, mi esposa y yo invitaremos a nuestros vecinos a ver nuestro huerto y les regalaremos una bolsa con verduras y hortalizas. ¿Qué te parece?

–¡Maravilloso! ¡Me encantan las verduras!

1. El Señor de Sipán

En 1987, el arqueólogo peruano Walter Alva descubrió la tumba del Señor de Sipán cerca de la costa norte de Perú. Se piensa que el Señor de Sipán fue un gobernante de la civilización mochica que gobernó durante el siglo III de nuestra era. Este es uno de los hallazgos más importantes de la arqueología latinoamericana porque es la única tumba real anterior a la civilización inca que se ha encontrado intacta. Los objetos mochicas encontrados por Walter Alva se exhiben actualmente en el Museo Tumbas Reales de Sipán, en la ciudad de Lambayeque (Perú). El museo es una construcción que recuerda a las antiguas pirámides cortadas de la civilización mochica. En él pueden verse miles de objetos de oro y la tumba del Señor de Sipán y sus acompañantes.

2. Los wayuus

Los wayuus son el pueblo indígena más numeroso de Venezuela y de Colombia. Habitan en la península de la Guajira, un territorio que forma parte de Colombia y de Venezuela.

Los wayuus se dedican al pastoreo de cabras, la pesca, el comercio y la elaboración artesanal de hermosos textiles.

Los wayuus respetan profundamente a sus autoridades tradicionales y tienen su propio sistema de administración de justicia, basado en el «palabrero» o portador de la palabra.

El «palabrero» es el encargado de resolver los conflictos entre los grupos que conforman la sociedad wayuu. Este sistema de normas fue declarado por la UNESCO Patrimonio Cultural Inmaterial de la Humanidad en 2010.

3. Conversaciones

1. –Buenos días. ¿Usted trabaja en esta oficina?
   –No, yo solo vine a entregar una carta.
2. –¿Cuándo regresas de tu viaje?
   –El próximo mes.
   –¡Estarás fuera mucho tiempo!
3. –Mercedes, ¿tú sabes si tu hermana fue ayer al gimnasio?
   –Sí, sí fue.
   –¿Y cuándo fue?
   –Cuando terminó su tarea.
4. –Manuel, mamá y yo queremos ir al cine esta tarde. ¿Te gustaría venir?
   –¡Sí, me apetece mucho! ¿Qué película van a ver?

5. –¿Te gusta mi vestido?
   –¡Me encanta!
6. –¿Qué hora es, por favor?
   –Son las cinco y media.
   –Voy a llegar tarde.

5. Cadena expresiva

Me encanta estudiar Geografía.
¿Qué asignatura te gusta más?
¡Suerte en el examen!

6. La arqueología

La arqueología es la ciencia que estudia los pueblos y las civilizaciones del pasado. Los arqueólogos realizan excavaciones para buscar ruinas y examinar los restos dejados por civilizaciones anteriores. De esta forma reconstruyen la vida cotidiana en el pasado. Las ruinas y los restos arqueológicos ayudan a explicar también eventos históricos, como conquistas e invasiones.

Los restos estudiados por la arqueología incluyen utensilios de cocina, herramientas, armas, restos artísticos y todo tipo de edificaciones, desde casas pequeñas hasta palacios.

7. Un viaje a Machu Picchu

–Hola, Sara. ¿Qué lees?

–Hola, Federico. Estoy leyendo un libro sobre Machu Picchu. Dentro de tres semanas voy a viajar a Perú con mis padres y quiero saber más sobre ese lugar.

–¡Qué interesante! Yo sé que Machu Picchu fue una ciudad construida por los incas en los Andes, en el sur de Perú, a mediados del siglo XV.

–Exacto. Pero no está claro que fuera una ciudad. Algunos arqueólogos piensan que Machu Picchu fue construido como una residencia de descanso del primer emperador inca, Pachacútec. Y he leído en mi libro que Machu Picchu fue usado como santuario religioso.

–Tal vez fue las dos cosas…

–Sí, puede ser. Muchos historiadores están convencidos de que Machu Picchu fue utilizado como palacio y como santuario a la vez.

–¡Qué interesante! He oído que es un lugar impresionante.

–Sí, está considerado como una obra maestra de la arquitectura y de la ingeniería. Incluso

las ruinas fueron declaradas una de las siete maravillas del mundo moderno en el año 2007.
–¡Qué bien que puedas visitarlo! Tienes que mostrarme fotos cuando regreses…
–¡Sí, claro!

8. Ciudad Perdida

En la década de 1970 fue descubierta una ciudad abandonada en la Sierra Nevada de Santa Marta, en Colombia. Los arqueólogos creen que esta ciudad, llamada Ciudad Perdida o Teyuna, era un centro político y económico en el que vivieron entre dos mil y ocho mil personas. Los constructores de Ciudad Perdida excavaron cientos de terrazas en la ladera de la montaña y construyeron una red de carreteras y varias plazas circulares. Para llegar hasta allí se debe subir una escalera de mil doscientos peldaños que atraviesa la selva.

Desde el año 2009 la organización Global Heritage Fund (GHF) ha trabajado para proteger Ciudad Perdida. GHF ha diseñado un plan para documentar, conservar y restaurar los tesoros arqueológicos del lugar. Los miembros de la organización han propuesto también que las comunidades indígenas locales participen en los proyectos de conservación y desarrollo sostenible del lugar.

9. Civilizaciones de las Américas

Los pueblos que vivían en el continente americano antes de la llegada de los españoles tenían distintas formas de organización económica, social y política. La mayoría de estos pueblos vivían de la agricultura, la caza y la pesca, y muchos eran nómadas, es decir, cambiaban frecuentemente de lugar.

Algunos pueblos, como los aztecas, los incas y los mayas, estaban organizados en sociedades y habían desarrollado técnicas agrícolas avanzadas. Esto ayudó a su crecimiento. Además, construyeron complejas ciudades que estaban organizadas alrededor del centro ceremonial o del templo. La religión regía la mayor parte de los actos de la vida cotidiana de la población.

14. El sistema político español

La Constitución española de 1978 es la norma fundamental que rige el poder político en España. Es la ley suprema que todos los ciudadanos y gobernantes deben obedecer.

La Constitución define la forma de gobierno de España como una monarquía constitucional. Esto significa que el rey de España es el jefe del Estado. Pero en España el rey no gobierna; solamente representa al país. Las leyes se hacen y se aprueban en el Parlamento y el gobierno es el encargado de hacer que se cumplan.

El Parlamento español está formado por el Congreso de los Diputados y el Senado, y sus miembros son elegidos cada cuatro años por los ciudadanos.

El gobierno está formado por el presidente, los vicepresidentes y los ministros.

Para verificar que las leyes se cumplen hay un sistema formado por los jueces y los tribunales de justicia.

15. Noticias políticas

Esta semana el exgobernador Miguel García ha presentado su campaña política como candidato independiente. García empezó a alejarse de su partido tras la derrota de los socialistas en las pasadas elecciones municipales y ahora se presenta para ser diputado por su ciudad.

García lleva tres días recorriendo diferentes barrios de la ciudad. En su campaña, promete mejorar la educación y la salud pública, y favorecer el empleo. También quiere mejorar el estado de las calles y los sitios públicos para atraer de nuevo el turismo. Esta mañana, en un discurso transmitido por radio y televisión, invitó a sus electores a que sigan apoyándolo, como hicieron en el pasado.

16. Un debate sobre política

–Buenas tardes a todos. Hoy debatiremos si es conveniente o no para la democracia de un país que el voto sea obligatorio.
–Profesor, ¿dónde es obligatorio votar?
–Es obligatorio votar en treinta países del mundo, Alicia. En trece países de Latinoamérica el voto es obligatorio.
–Yo creo que en los países donde existe el voto voluntario muchas personas no votan por indiferencia. Votar es un deber de todos los ciudadanos y el estado debe vigilar su cumplimiento.
–Yo opino que el voto obligatorio es antidemocrático.
–¿Por qué piensas eso, Andrés?

−Porque obligar a las personas a votar limita la libertad. ¿Y qué pasa si una persona no consigue ir a votar?

−Los países con voto obligatorio usan mecanismos para que todos puedan votar. Las personas que no pueden ir a los lugares de votación pueden enviar su voto por correo.

−Yo pienso que todos los ciudadanos tienen derecho a elegir a sus gobernantes, pero no creo que sea adecuado obligarlos a votar.

−Muy bien, gracias por sus opiniones. Mañana continuaremos nuestro debate sobre la democracia.

17. Una larga jornada

−Hola, Carolina. ¿Cómo estás?

−Hola, Martina. Pues estoy cansada… Ayer tuve que estar en una mesa electoral durante las elecciones al Parlamento y acabamos muy tarde.

−¡Qué interesante! ¿Te gustó la experiencia?

−Sí, me gustó. Yo llegué a las ocho de la mañana y la gente empezó a llegar hacia las nueve. A esa hora empezó la votación. Vinieron a votar miles de ciudadanos. El presidente de la mesa electoral nos felicitó a todos por nuestro trabajo.

−¡Qué bien! ¿Y a qué hora terminaste tu labor?

−Bueno, los colegios electorales cerraron a las nueve de la noche, pero luego tuvimos que contar los votos y acabamos a las doce. Yo llegué a casa casi a la una. ¡Estaba muy cansada! ¿Tú fuiste a votar?

−Sí. Fui un poco tarde porque quería acabar de estudiar antes de salir, pero llegué a tiempo. Estoy muy contenta de vivir en un país democrático.

−Sí, yo también. Para mí es muy importante participar en los procesos electorales. Espero no dejar de hacerlo nunca…

21. En sociedad

−Hola, buenos días. Como les dije la semana pasada, hoy vamos a tratar diferentes conceptos relacionados con la sociedad. Si yo les digo que vivimos en una sociedad multicultural, ¿qué significa esto para ustedes?

−Profesor, una sociedad multicultural es aquella en la que conviven personas de diferentes culturas.

−Muy bien, Daniel. Y para ti, Sofía, ¿qué es la solidaridad?

−Para mí la solidaridad es ayudar a las personas cuando lo necesitan.

−Muy bien, Sofía. Vamos ahora con otro concepto muy importante, el de mestizaje. ¿Qué es el mestizaje?

−El mestizaje es la mezcla de personas de diferentes culturas.

−Excelente, Jorge. Una última pregunta. ¿Qué es para ustedes la herencia cultural?

−Son los valores y costumbres de la cultura de un grupo de personas que se transmiten de generación en generación.

−Muy bien. ¡Muchas gracias, chicos!

22. Inmigración a Latinoamérica

La diversidad étnica y el mestizaje en Latinoamérica son consecuencias de la inmigración. Los inmigrantes han contribuido al desarrollo económico y cultural de América. La mayor parte de los inmigrantes de América Latina procede de España. Pero muchos otros proceden de otros países.

A mediados del siglo XIX, muchos chinos fueron a trabajar a Cuba y a Perú. Con el tiempo, estas personas y sus descendientes adquirieron plenos derechos y deberes ciudadanos.

A finales del siglo XIX hubo una importante inmigración árabe. Esos inmigrantes sirios, libaneses y palestinos formaron importantes comunidades en México, Honduras, Colombia, Ecuador y Brasil. Su integración en las sociedades de los países de acogida fue muy exitosa y muchos conservan su identidad cultural.

Entre 1880 y 1930, cientos de miles de italianos llegaron a Argentina y Brasil en busca de progreso y se establecieron en estos países para convertirse en motor del desarrollo. El respeto por las normas de convivencia de los países de acogida favoreció la exitosa integración de los inmigrantes. Esto permitió, además, que fueran tratados con justicia y vivieran en condiciones de igualdad en la sociedad.

23. Una conferencia interesantísima

−Buenas tardes, Alejandra.

−Hola, Verónica. ¿Puedes alcanzarme el cuaderno que está encima de la mesa, por favor? Ayer estuve en una conferencia muy interesante sobre la tolerancia, la diversidad y la igualdad, y quiero revisar las notas que tomé.

–¿Dónde fue la conferencia?

–En una de las salas principales de la Biblioteca Nacional.

–Ah, con un profesor de Ciencias Políticas de la Universidad Central, ¿no?

–Sí, ¿cómo lo sabes?

–Yo estuve en una ponencia de una profesora de Antropología sobre mestizaje y en ella se habló de esa conferencia. Parece que ese profesor es muy famoso.

–Desde luego, es un profesor excelente y habla de temas interesantísimos. Realmente, fue una experiencia inolvidable.

–Me gustaría tener los datos exactos para poder ir la próxima vez.

–Claro. Te los doy con mucho gusto.

24. Una escuela diferente

–¡Hola, Valentina! Me enteré de que estás trabajando en un proyecto de escuelas bilingües para indígenas. ¿Puedes explicarme cómo funciona?

–Claro, Quique, me alegra que te intereses por nuestro proyecto. Trabajamos con comunidades indígenas que tienen lenguas en peligro de extinción.

–¿Lenguas en peligro de extinción?

–Sí, se considera que una lengua indígena corre el riesgo de desaparecer cuando en la comunidad no hay niños que la hablen. Es necesario que los ancianos enseñen su lengua a los niños antes de que desaparezca y nosotros tratamos de promover y facilitar esa labor.

–¡Qué interesante! ¿Y qué es lo más difícil de vuestra tarea?

–Lo más difícil es convencer a los padres para que envíen a sus hijos a las escuelas bilingües.

–¿Por qué?

–Muchos padres no están seguros de que necesiten aprender la lengua nativa. Temen que sus hijos sean discriminados, como ellos lo fueron. Por eso trabajamos para que los alumnos lleven su herencia cultural adonde vayan y se sientan orgullosos de ella.

–¡Me parece una labor estupenda! ¿Crees que puede haber algún área en la que yo pueda ayudar? Me gustaría mucho participar en su proyecto...

–¡Por supuesto! Cuando me reúna con el equipo de trabajo, lo hablaré con ellos.

29. Día de elecciones

–Hola, Ana, ¿cómo estás?

–Bien, Rebeca. ¿Y tú?

–Estoy bien, aunque un poco cansada. Anoche salí a bailar con mis amigos de la universidad y llegué tarde a casa.

–Oye, hoy son las elecciones para presidente de la República... ¿Tú ya votaste?

–Sí, acabo de llegar a casa y vengo de votar. Había mucha gente en la mesa de votación. ¿Y tú has ido ya a votar?

–No, voy a esperar a que deje de llover... ¿Y por quién votaste, Rebeca?

–¡Pero, Ana, el voto es secreto! Bueno, no me importa decírtelo. Voté por el candidato del partido demócrata.

–¡Vaya! Pues yo voy a votar al candidato del partido republicano... Tenemos diferentes opiniones, Rebeca.

–No pasa nada, Ana. Lo importante es participar en las elecciones, ¿no te parece?

–Sí, tienes razón. Hay que respetar todas las opiniones para vivir en paz.

30. Modos

1. Estoy seguro de que ganaremos el partido.
2. Creo que va a llover.
3. Vamos al restaurante donde almorzamos ayer.
4. Dudo que encontremos las ruinas del palacio.
5. Aunque sea difícil, estudiaré para ser arqueólogo.
6. No creo que el examen de Historia sea difícil.
7. A lo mejor voy a la playa este verano.
8. Me encanta que vivamos en una ciudad tan multicultural.
9. A lo mejor voy al parque por la tarde.
10. Me alegra que hayas podido venir a mi fiesta.

31. La tumba de Atahualpa

–Roberto, acabo de leer una noticia muy interesante en el periódico. Parece que ha sido descubierta la tumba de Atahualpa en Ecuador.

–¿La tumba del último emperador inca? Yo leí una vez que Atahualpa fue capturado por el conquistador español Francisco Pizarro.

–Sí, Francisco Pizarro conquistó el imperio inca y se supone que Atahualpa fue enterrado por los españoles en un lugar del norte de Perú, pero la ubicación de la tumba ha sido un misterio durante siglos. La arqueóloga Tamara Estupiñán afirma que el cuerpo de Atahualpa podría estar en un monumento descubierto en unas ruinas, cuarenta millas al sur de Quito.

–¿Y cómo llegaron los restos hasta allí?

–La noticia dice que un amigo de Atahualpa escapó con los restos y los enterró allí.

–Pero ¿cómo es posible que sepan que se trata de Atahualpa?

–No sé. Tal vez haya alguna pista que indique que los restos son de alguien con la categoría de un emperador, como joyas y objetos ceremoniales.

–¿Y crees que es verdad la historia que cuentan de Atahualpa?

–Es difícil saberlo, Roberto, porque existen varias versiones. Te recomiendo que investigues y leas las distintas explicaciones de los investigadores.

–¡Eso haré!

CRÉDITOS FOTOGRÁFICOS

Cubierta F. Waldhaeusl/ARCO/A. G. E. FOTOSTOCK; Michael S. Lewis/GETTY IMAGES SALES SPAIN; I. PREYSLER/ATREZZO: HELEN CHELTON; ISTOCKPHOTO; ARCHIVO SANTILLANA **Contracubierta** Algar/MUSEU PICASSO, BARCELONA; Hauke Dressler/A. G. E. FOTOSTOCK; REUTERS/Marcos Brindicci/CORDON PRESS; Ken Gillham/GETTY IMAGES SALES SPAIN; ARCHIVO SANTILLANA **001** I. PREYSLER/ATREZZO: HELEN CHELTON **003** Prats i Camps **006** José Antonio Hernaiz, Kevin Schafer/A. G. E. FOTOSTOCK; EFE; ISTOCKPHOTO; SEIS X SEIS **007** ISTOCKPHOTO **009** ISTOCKPHOTO **010** Blend Images/Jon Feingersh, Photos.com Plus/GETTY IMAGES SALES SPAIN **012** I. PREYSLER/ATREZZO: HELEN CHELTON **013** Prats i Camps **014** Photos.com Plus/GETTY IMAGES SALES SPAIN **017** Prats i Camps; Rudolf/ARCO, Thierry Foulon/A. G. E. FOTOSTOCK; Photos.com Plus/GETTY IMAGES SALES SPAIN; ISTOCKPHOTO **018** Kodak EasyShare; Laura Doss/Corbis/CORDON PRESS; Photos.com Plus, Stewart Charles Cohen/GETTY IMAGES SALES SPAIN; I. PREYSLER/ATREZZO: HELEN CHELTON; ISTOCKPHOTO **020** Prats i Camps; FOTONONSTOP; Photos.com Plus/GETTY IMAGES SALES SPAIN; ARCHIVO SANTILLANA **021** Photos.com Plus/GETTY IMAGES SALES SPAIN **022** MATTON-BILD; FOTONONSTOP **023** Krauel; Margie Politzer/A. G. E. FOTOSTOCK; SEIS X SEIS **025** J. M.ª Escudero; MATTON-BILD; Jacobs Stock Photography, Matelly, Rene Sheret/GETTY IMAGES SALES SPAIN **026** Prats i Camps **027** Cortesía de Apple; Prats i Camps; Max Oppenheim, Mimi Haddon, Photos.com Plus/GETTY IMAGES SALES SPAIN; I. PREYSLER; SERIDEC PHOTOIMAGENES CD/JOHN FOXX IMAGES; ARCHIVO SANTILLANA **028** J. Jaime; Prats i Camps; SERIDEC PHOTOIMAGENES CD; ISTOCKPHOTO **029** Prats i Camps; A. Prieto/AGENCIA ESTUDIO SAN SIMÓN; Ibiza shots, Image Source, Mauritius/Nikky/ FOTONONSTOP **031** ISTOCKPHOTO **032** CONTIFOTO; David Aguilar, Toni Garriga/EFE; Tips/Mizar/ FOTONONSTOP; Brian Cleary/AFP PHOTO, David Cannon, WireImage/Rodrigo Varela/GETTY IMAGES SALES SPAIN **035** Prats i Camps; Cultura/Echo/GETTY IMAGES SALES SPAIN **036** Prats i Camps; AbleStock.com/HIGHRES PRESS STOCK; PHOTODISC/SERIDEC PHOTOIMAGENES CD **039** Inti St. Clair/GETTY IMAGES SALES SPAIN **040** Frida Marquez, Photos.com Plus/GETTY IMAGES SALES SPAIN; HIGHRES PRESS STOCK **041** SERIDEC PHOTOIMAGENES CD; Brian Milne, Fuse, George Doyle, Mareen Fischinger, Stockbyte/GETTY IMAGES SALES SPAIN **043** Rob Lewine/GETTY IMAGES SALES SPAIN **044** Prats i Camps; Margaret Lampert, Moodboard, Paul Bradbury, Zave Smith/GETTY IMAGES SALES SPAIN; ISTOCKPHOTO **045** F. Gierth/ARCO, Angelo Cavalli/A. G. E. FOTOSTOCK; Niko Guido/GETTY IMAGES SALES SPAIN **046** A. Toril; Pixmann/A. G. E. FOTOSTOCK **047** J. Jaime; S. Padura; SERIDEC PHOTOIMAGENES CD; Fuse, Patti McConville/GETTY IMAGES SALES SPAIN **049** Prats i Camps **051** Prats i Camps; S. Padura **053** Prats i Camps; S. Enríquez; S. Padura **054** Prats i Camps **055** J. Jaime; PHILIPS; Photos.com Plus/GETTY IMAGES SALES SPAIN; AbleStock.com/HIGHRES PRESS STOCK; I. PREYSLER/ATREZZO: HELEN CHELTON **056** Nicholas Eveleigh/GETTY IMAGES SALES SPAIN **057** Prats i Camps **058** MATTON-BILD; Photos.com Plus/ GETTY IMAGES SALES SPAIN; ISTOCKPHOTO; PHOTOALTO/SERIDEC PHOTOIMAGENES CD **061** Prats i Camps **062** Prats i Camps **063** Image Source/FOTONONSTOP; Compassionate Eye Foundation, Fuse, Siri Stafford/GETTY IMAGES SALES SPAIN **064** SERIDEC PHOTOIMAGENES CD **065** J. Jaime; Prats i Camps; S. Padura; Photos.com Plus/GETTY IMAGES SALES SPAIN; I. PREYSLER/ATREZZO: HELEN CHELTON; ISTOCKPHOTO **066** Bilderlounge, Sozaijiten/Datacraft/GETTY IMAGES SALES SPAIN **067** C. Díez Polanco; EFE **069** C. Díez Polanco; Prats i Camps; Christopher Robbins, Kristofer Samuelsson, PhotoAlto/Sigrid Olsson/GETTY IMAGES SALES SPAIN; JOHN FOXX IMAGES/SERIDEC PHOTOIMAGENES CD **072** Prats i Camps; Dennis MacDonald, Image Source, Jeff Greenberg, Merten, Palladium/A. G. E. FOTOSTOCK; COMSTOCK **073** Prats i Camps; I. PREYSLER/ATREZZO: HELEN CHELTON **076** Onoky/L.A. NOVIA, Science Photo Library/FOTONONSTOP **077** Prats i Camps; S. Padura; Jupiterimages/GETTY IMAGES SALES SPAIN **078** C. Díez Polanco; Prats i Camps; S. Padura; Tips/Jean Claude Lozouet/FOTONONSTOP; AbleStock.com/HIGHRES PRESS STOCK **080** Chemistry, Gala Narezo, Jack Hollingsworth/GETTY IMAGES SALES SPAIN **083** Prats i Camps **084** Prats i Camps **085** A. Toril; Andy Crawford/GETTY IMAGES SALES SPAIN; I. PREYSLER/ ATREZZO: HELEN CHELTON; ISTOCKPHOTO **086** Prats i Camps; O. Baumgartner/SYGMA/CONTIFOTO **088** A. G. E. FOTOSTOCK **089** Dave Bartruff, Keith Erskine/A. G. E. FOTOSTOCK; I. PREYSLER/ ATREZZO: HELEN CHELTON **091** Photos.com Plus/GETTY IMAGES SALES SPAIN; I. PREYSLER/ ATREZZO: HELEN CHELTON **093** MATTON-BILD; Alberto Martín, Mario Guzmán/EFE; MCT/GETTY IMAGES SALES SPAIN **094** J. Jaime; CORBIS, Heather Winters/A. G. E. FOTOSTOCK; FOTONONSTOP; Photos.com Plus/GETTY IMAGES SALES SPAIN; I. PREYSLER/ATREZZO: HELEN CHELTON **095** A. Toril; J. Jaime; I. PREYSLER/ATREZZO: HELEN CHELTON **096** Gustavo Andrade/A. G. E. FOTOSTOCK; COMSTOCK **097** ICE TEA IMAGES, Stockbroker xtra/A. G. E. FOTOSTOCK **098** Prats i Camps; Emily Shur/GETTY IMAGES SALES SPAIN **100** I. PREYSLER/ATREZZO: HELEN CHELTON **101** J. Jaime; I. PREYSLER/ATREZZO: HELEN CHELTON **102** S. Padura; I. PREYSLER/ATREZZO: HELEN CHELTON;

ISTOCKPHOTO **104** Photos.com Plus/GETTY IMAGES SALES SPAIN **105** Prats i Camps; SERIDEC PHOTOIMAGENES CD **106** Prats i Camps **107** Purestock, Richard Cummins/A. G. E. FOTOSTOCK; Photos.com Plus/GETTY IMAGES SALES SPAIN; I. PREYSLER/ATREZZO: HELEN CHELTON **108** Keith ErskineÂ, Pat Canova/A. G. E. FOTOSTOCK; I. PREYSLER/ATREZZO: HELEN CHELTON; ISTOCKPHOTO **110** ISTOCKPHOTO **111** MUSEO NACIONAL CENTRO DE ARTE REINA SOFÍA; Gonzalo Azumendi/A. G. E. FOTOSTOCK; ISTOCKPHOTO **113** Algar/MUSEO ESPAÑOL DE ARTE CONTEMPORÁNEO, MADRID; Prats i Camps; Photos.com Plus/GETTY IMAGES SALES SPAIN; AbleStock.com/HIGHRES PRESS STOCK; ISTOCKPHOTO **115** Prats i Camps; IFPA/A. G. E. FOTOSTOCK; Ohlinger´s/SYGMA/CONTIFOTO **116** Photos.com Plus, Scott Quinn Photography/GETTY IMAGES SALES SPAIN **117** J. Jaime; A. G. E. FOTOSTOCK; COMSTOCK; Photos.com Plus/GETTY IMAGES SALES SPAIN; I. PREYSLER/ATREZZO: HELEN CHELTON; ISTOCKPHOTO **119** MATTON-BILD; Prats i Camps; S. Padura; DIGITALVISION/SERIDEC PHOTOIMAGENES CD; Juan Ocampo, Photos.com Plus, Thomas Barwick/GETTY IMAGES SALES SPAIN; I. PREYSLER/ATREZZO: HELEN CHELTON; ISTOCKPHOTO **120** Prats i Camps **121** Pixtal/A. G. E. FOTOSTOCK; AbleStock.com/HIGHRES PRESS STOCK; I. PREYSLER/ATREZZO: HELEN CHELTON **123** Prats i Camps; Photos.com Plus/GETTY IMAGES SALES SPAIN; ISTOCKPHOTO; ARCHIVO SANTILLANA **125** David Muscroft/A. G. E. FOTOSTOCK; Beyond foto, Caroline Purser, José Luis Pelaez Inc./GETTY IMAGES SALES SPAIN **126** Prats i Camps **127** Photos.com Plus/GETTY IMAGES SALES SPAIN **128** Prats i Camps; Holloway, Science Photo Library/GETTY IMAGES SALES SPAIN **129** S. Enríquez; Hervé Gyssels/FOTONONSTOP; Dave & Les Jacobs, Laurence Monneret/GETTY IMAGES SALES SPAIN; I. PREYSLER/ATREZZO: HELEN CHELTON; ISTOCKPHOTO **132** J. L. Pacheco; Prats i Camps; José Antonio Hernaiz, José Luis Pelaez Inc/A. G. E. FOTOSTOCK; Adrian Weinbrecht/FOTONONSTOP; Hill Street Studios, Photos.com Plus/GETTY IMAGES SALES SPAIN; AbleStock.com/HIGHRES PRESS STOCK; I. PREYSLER/ATREZZO: HELEN CHELTON; ISTOCKPHOTO **134** ISTOCKPHOTO **135** S. Enríquez; Martin Moxter/A. G. E. FOTOSTOCK; Photos.com Plus/GETTY IMAGES SALES SPAIN; I. PREYSLER/ATREZZO: HELEN CHELTON **137** Prats i Camps **138** Flying Colours Ltd., Image Source/GETTY IMAGES SALES SPAIN **140** J. Jaime **141** Don Bayley, Rubberball/Mike Kemp/GETTY IMAGES SALES SPAIN **142** Purestock, Red Chopsticks/GETTY IMAGES SALES SPAIN **143** J. Jaime; S. Enríquez; S. Padura; Photos.com Plus/GETTY IMAGES SALES SPAIN **145** Photos.com Plus/GETTY IMAGES SALES SPAIN **146** Image Source/GETTY IMAGES SALES SPAIN **148** Palladium/A. G. E. FOTOSTOCK **149** Photodisc/GETTY IMAGES SALES SPAIN **150** Prats i Camps **151** C. Díez Polanco; J. Jaime; J. Lucas; Photos.com Plus/GETTY IMAGES SALES SPAIN **153** I. PREYSLER/ATREZZO: HELEN CHELTON **154** J. C. Muñoz; Danita Delimont, Nivek Neslo, Symphonie/GETTY IMAGES SALES SPAIN; ARCHIVO SANTILLANA **156** I. PREYSLER/ATREZZO: HELEN CHELTON **159** Prats i Camps; Photos.com Plus/GETTY IMAGES SALES SPAIN **161** Prats i Camps; Photos.com Plus/GETTY IMAGES SALES SPAIN **162** Charlotte Nation/GETTY IMAGES SALES SPAIN **163** Prats i Camps; X. S. Lobato; Antonello Turchetti, Bambu Productions, José Luis Pelaez, Photos.com Plus, Zhang Bo/GETTY IMAGES SALES SPAIN **164** J. Jaime; S. Padura; Rubberball/A. G. E. FOTOSTOCK; COVER; C Squared Studios, Digital Vision/Tooga, John Rensten, Photos.com Plus/GETTY IMAGES SALES SPAIN; AbleStock.com/HIGHRES PRESS STOCK; I. PREYSLER/ATREZZO: HELEN CHELTON; ISTOCKPHOTO **165** S. Enríquez; Image Source, John Kelly, Photos.com Plus/GETTY IMAGES SALES SPAIN; ISTOCKPHOTO **167** COMSTOCK; Blend Images/ERproductions Ltd, IMAGEMORE Co, Ltd./GETTY IMAGES SALES SPAIN **168** Prats i Camps; Rubberball/Mike Kemp, Seth Kushner/GETTY IMAGES SALES SPAIN; ARCHIVO SANTILLANA **169** Laurent Zabulon/VANDYSTADT/CONTIFOTO; Glyn Kirk, AFP/STR/GETTY IMAGES SALES SPAIN; JOHN FOXX IMAGES/SERIDEC PHOTOIMAGENES CD; PHOTODISC/SERIDEC PHOTOIMAGENES CD **171** Drew Hallowell, Drew Hallowell/Philadelphia Eagles, Wesley Hitt/GETTY IMAGES SALES SPAIN **172** Paul Burns, Stephen Simpson/GETTY IMAGES SALES SPAIN; ISTOCKPHOTO; ARCHIVO SANTILLANA **173** STOCK PHOTOS **175** Prats i Camps; SERIDEC PHOTOIMAGENES CD; SuperStock/A. G. E. FOTOSTOCK; AbleStock.com/HIGHRES PRESS STOCK; ISTOCKPHOTO **176** J. Jaime; S. Enríquez; M. Twight/FREESTYLE/P.S./PRESSE SPORTS/CONTIFOTO; Onorati/EPA/EFE; Antonio Scorza/AFP PHOTO, Steve Granitz/GETTY IMAGES SALES SPAIN **178** Prats i Camps **180** D. Lezama; Krauel; ONCE **181** Anna Yu, Digital Vision/GETTY IMAGES SALES SPAIN **184** I. PREYSLER/ATREZZO: HELEN CHELTON **185** Bruce Laurance, Comstock Images/GETTY IMAGES SALES SPAIN **186** COMSTOCK; Photos.com Plus/GETTY IMAGES SALES SPAIN; AbleStock.com/HIGHRES PRESS STOCK; ISTOCKPHOTO **187** HIGHRES PRESS STOCK; ISTOCKPHOTO **189** C. Díez Polanco; J. V. Resino; M. Barcenilla; Johnny Stockshooter, José Enrique Molina, Liane Cary, World Pictures/Phot/A. G. E. FOTOSTOCK; COMSTOCK; EFE; FOTONONSTOP; Joe Sohm, Photos.com Plus/GETTY IMAGES SALES SPAIN; ISTOCKPHOTO **190** COMSTOCK; FOTONONSTOP; Photos.com Plus/GETTY IMAGES SALES SPAIN; PHOTODISC/SERIDEC PHOTOIMAGENES CD **191** David Hosking/FLPA/A. G. E. FOTOSTOCK; Eric Isselée/ISTOCKPHOTO **193** S. Enríquez; A. G. E. FOTOSTOCK **194** F. Ontañón; GOVERN DE LES ILLES BALEARS/CONSELLERIA DE SALUT I CONSUM; Prats i Camps; S. Enríquez; S. Padura; Therin-Weise/A. G. E. FOTOSTOCK; Digital Vision, Scott Quinn Photography/GETTY IMAGES SALES SPAIN; AbleStock.com/HIGHRES PRESS STOCK; ISTOCKPHOTO **197** J. C. Muñoz; M.ª A. Ferrándiz; Prats i Camps; DEA/PUBBLI AER FOTO, George Stocking/A. G. E. FOTOSTOCK; Photos.com Plus, Purestock/GETTY IMAGES SALES SPAIN **198** Fuse, Photos.com Plus, Thinkstock/GETTY IMAGES SALES SPAIN; ARCHIVO SANTILLANA

NOTAS

NOTAS